Willem Heuves

it

Für die Eltern ist die Pubertät ihrer Kinder ein einschneidender Lebensabschnitt, in dem eine Menge erzieherischer Aufgaben ein Ende nehmen. Die meisten Eltern verstehen, dass ihre Kinder groß und selbständig werden. Und sie freuen sich darauf. Selbständigkeit tritt nicht an dem Tag ein, am dem das Kind volljährig wird, sondern ist ein Prozess, der hoffentlich schon früher begonnen hat. Auch wenn die Kinder noch klein sind, ist es wichtig, dass sie in der Familie Verantwortung und Aufgaben übernehmen, die zu ihrer Entwicklung passen. Darüber gibt es gewöhnlich keinen Streit.
In der Pubertät machen Eltern einen neuen Schritt, indem sie ihrem Kind mehr Verantwortung und Freiheiten geben, was aber häufig mit Konflikten verbunden ist. Der Jugendliche und seine Eltern sind sich oft uneinig, wie viel Verantwortung und Freiheit ihm zugebilligt werden kann.
Ein sensibler Ratgeber für Eltern, Lehrer, Trainer, Ärzte, Berater und Psychotherapeuten.

Der Autor:
Willem Heuves, Universitätsdozent für Klinische Psychologie an der Universität Leiden, Psychotherapeut und Psychoanalytiker für Kinder, Jugendliche und Erwachsene.

Willem Heuves

Pubertät
Entwicklungen und Probleme
Hilfen für Erwachsene

Aus dem Niederländischen
von Dieter Becker

Brandes & Apsel

Deutsche Übersetzung des Werkes
Pubers: Ontwikkeling en problemen. 2e druk 2008
Originally published in 2006 by Van Gorcum, Assen, The Netherlands.

1. Auflage 2010

Umschlaggestaltung: Angelika Fritsch, Kommunikationsdesign, Frankfurt am Main
DTP: Antje Tauchmann, Frankfurt am Main
Druck: Impress, d.d., Printed in Slovenia
Gedruckt auf einem nach den Richtlinien des Forest Stewardship Council (FSC) zertifizierten, säurefreien, alterungsbeständigen und chlorfrei gebleichten Papier.

Bibliografische Information Der Deutschen Bibliothek:
Die Deutsche Bibliothek verzeichnet diese Publikation in der Deutschen Nationalbibliografie; detaillierte bibliografische Daten sind im Internet über http://dnb.ddb.de abrufbar

ISBN 978-3-86099-634-8

Inhalt

Einleitung

Die Pubertät ist bekanntermaßen ein schwieriger Lebensabschnitt. Im direkten Kontakt bilden die Jugendlichen[1] eine unbequeme Altersgruppe, sind aber dennoch faszinierend. Viele Erwachsene haben vergessen, wie einschneidend ihre eigene Pubertät war. Bei den Hilfsangeboten fallen die Jugendlichen oft durch die Maschen, aber auch in Schule, Justiz, Kinderschutz, Sport, Stadtteilarbeit und Vereinen werden sie als eine schwer zugängliche Gruppe angesehen, mit welcher der Umgang nicht leicht und das Gespräch manchmal unmöglich ist. Sie werden schlecht verstanden und sind den Erwachsenen außerdem oft lästig. Es ist nicht leicht, ein Jugendlicher zu sein, und nur wenige Menschen ergreifen Partei für sie. Sie haben keinen Anwalt. Dieses Buch will einen Beitrag zum besseren Verständnis[2] der Pubertät und der Jugendlichen liefern.

Die Pubertät ist der Lebensabschnitt, in dem Kinder wichtige Entwicklungen durchlaufen. Die pubertäre Reifung, die körperliche Entwicklung ist die vielleicht sichtbarste Veränderung. Der kindliche Körper entwickelt sich in relativ kurzer Zeit zum sexuellen Körper eines Erwachsenen. Für die Mehrzahl der Jugendlichen findet diese Entwicklung zwischen elf und fünfzehn Jahren statt. Diesen Zeitraum nennen wir Pubertät, sie ist ein Segment eines größeren Entwicklungsbogens, nämlich des Übergangs von der Kindheit zum Erwachsensein: der Adoleszenz.

---

1 Ich habe für das niederländische »puber« das deutsche »Jugendliche/r« gewählt, weil das Wort »Pubertierender« nicht nur hässlich klingt, sondern auch in Duden, Wörterbuch der deutschen Sprache, nicht vorkommt (Anm. d. Übers.).

2 In meinem Fachgebiet, der Psychologie und Psychoanalyse, gibt es zahlreiche hervorragende Beiträge zum besseren Verständnis der Pubertät. Der Leser, der mit diesem Gedankengut vertraut ist, findet die Ansichten Sigmund Freuds, seiner Tochter Anna Freud, Erik Eriksons, Peter Fonagys, Moses Laufers, Donald Winnicotts und vieler anderer in diesem Buch wieder. Auch andere Autoren wie Laurence Steinberg und Joseph Adelson haben wichtige Beiträge zur Adoleszenz geliefert. Auch wenn im Text kaum auf die vorhandene Literatur verwiesen wird, hätte ohne ihre bahnbrechenden Werke dieses Buch nie geschrieben werden können. Es ist auffallend, dass ihre Beiträge – während sich die Gesellschaft und die Position der Jugendlichen so stark und schnell veränderten – wenig an Aussagekraft eingebüßt haben.

Infolge des zunehmenden Wohlstands und der längeren Ausbildung werden die Jugendlichen als eine Gruppe wahrgenommen, die über Freizeit und Geld verfügt. Musik und Ausgehen sind wichtig, und es gibt immer mehr Möglichkeiten für Spaß und Freizeitgestaltung. Die Adoleszenten sind gesellschaftlich und ökonomisch eine wichtige Gruppe geworden. Sie haben zunehmend innerhalb und außerhalb der Schule eine eigene Kultur mit eigener Musik, eigenen Fernsehprogrammen und eigenen Geschäften.

Die Adoleszenz als soziologische Kategorie nahm in den siebziger Jahren des vergangenen Jahrhunderts ihren Anfang. Davor gab es zwar einen Übergang von der Kindheit zum Erwachsensein, aber dieser war vor allem symbolisch gemeint und in soziologischer Hinsicht weniger einschneidend als in der Zeit danach.

Nach dem Aufstand der jungen Generation gegen das gesellschaftliche Establishment in den 1960er Jahren sprach man aufgrund der weit verbreitete Vorstellung, dass ein bedeutender Gegensatz – ein Konflikt – zwischen den »herrschenden Eltern« und der Jugend bestünde, von einer Generationenkluft. Die Autorität der Eltern wurde in Frage gestellt. Kinder und Jugendliche bekamen innerhalb und außerhalb der Familie mehr Einfluss auf den Gang der Dinge. Die veränderte Sexualmoral und die Verfügbarkeit von Verhütungsmitteln brachten auch mehr sexuelle Freizügigkeit mit sich. Dies gilt vor allem für die Gruppe der Sechzehnjährigen und älter. Sie können mehr Geld ausgeben, wodurch die Möglichkeit besteht, sich als Gruppe mit eigenen Vergnügungen und eigener Subkultur zu emanzipieren. Dies ist ein Trend, der immer deutlicher festzustellen ist.

Die Gruppe der Jugendlichen von elf bis fünfzehn Jahren, von der dieses Buch handelt, bekommt in der Literatur und in den Medien nicht so viel Aufmerksamkeit, in vielen Bereichen der Gesellschaft wird sie sogar oft übersehen. Erst in den letzten Jahren rücken die Jugendlichen als gesellschaftliche Gruppe schärfer ins Bild. Zwar wird diese Gruppe ebenfalls oft als »Adoleszente« bezeichnet, aber es ist in vielerlei Hinsicht eine ganz andere Gruppe mit einem völlig eigenen Charakter. Die Gruppe der elf- bis fünfzehnjährigen Jugendlichen hat wenig Ähnlichkeit mit der Adoleszentengruppe der Siebzehn- und Achtzehnjährigen und Älteren.

Das gesellschaftliche In-Erscheinung-Treten der Jugend hat zu einem breiten Spektrum sozialwissenschaftlicher (psychologischer, anthropologischer und soziologischer) Theorien geführt, die alle verschiedene Aspekte dieser Entwicklungsphase (inklusive der Pubertät) beschrieben haben. Die

Psychoanalyse nimmt darin eine besondere Stellung ein, weil in ihrer Theorie die komplexe Entwicklung der Jugendlichen eine zentrale Position besetzt und sie einen großen Einfluss auf andere Theorien über die Adoleszenz gehabt hat.

In den sechziger Jahren des vorigen Jahrhunderts hätte die Beschreibung des Pubertätsprozesses einem anthropologischen Werk nicht schlecht angestanden, denn in der westlichen Gesellschaft wird über Jugendliche und Adoleszente selten positiv gesprochen. Das war schon immer so. Jugendliche werden gehasst, weil sie eine vorpreschende, erobernde Bande sind, die ohne Respekt vor der Tradition die Welt der Erwachsenen übernehmen wird. Als Jüngere tragen sie die Verheißung einer potenten und kreativen Sexualität in sich. Diese Vitalität ist ihr Banner, mit dem sie in den Kampf gegen die inzwischen impotente, kastrierte und unfruchtbare Generation, die sie hervorgebracht hat, ziehen.

In vielen Kulturen sind Rituale entstanden, um den Übergang von der Kindheit zum Erwachsensein zu markieren, mit dem Ziel, die beiden Generationen vor Aggression, Hass und Eifersucht zu schützen. Die Ehe ist vielleicht das prägnanteste Ritual an der Grenze zwischen Kindheit und Erwachsensein. Sie beschützt und regelt das Eigentum und das Recht auf Sexualität. In der westlichen Welt hat die Ehe inzwischen stark an rituellem Wert eingebüßt. Vielleicht spielt dabei eine Rolle, dass der Übergang von der Adoleszenz zum Erwachsensein weniger scharf geworden ist. Die Aufgaben der Erwachsenen, wie z. B. Familiengründung oder das Erreichen finanzieller Selbständigkeit, werden immer später übernommen, während der Jugendliche – zum Beispiel auf dem Gebiet der Sexualität, der Beziehungen und des Geldes – sich immer mehr Privilegien der Erwachsenen aneignet.

An die Stelle der Ehe sind recht wenige Rituale getreten. Doch es sind andere Übergänge festzustellen, die von den Eltern und Jugendlichen als Meilensteine empfunden werden, worin auf dem Weg zum Erwachsensein allmählich von der Kindheit Abschied genommen wird. In diesem Prozess des Erwachsenwerdens stehen die Eltern immer seltener an erster Stelle. Sie werden schrittweise ihrer wohl wichtigsten Existenzgrundlage beraubt, nämlich der der Ernährer, hoffentlich ohne dass sich der Jugendliche deswegen sehr schuldig fühlt.

Diese Sturm-und-Drang-Sicht wurde lange Zeit als allgemein gültig angesehen. Erst in den letzten Jahrzehnten wurden die Theorien über den

Verlauf der Adoleszenz nuancierter, interdisziplinär und von der Wissenschaft in stärkerem Maße reflektiert. Das Bild vom Jugendlichen als rebellierendem und gepeinigtem jungen Menschen ist inzwischen überholt! Für die Mehrzahl von ihnen geht diese Entwicklungsphase verhältnismäßig harmonisch vorüber. Doch fällt auf, dass gerade die *Pubertät* als Entwicklungsphase relativ wenig Verständnis findet, weshalb Eltern, Berater, Lehrer und andere Professionelle, die mit dieser Altersgruppe zu tun haben, oft nicht gut nachvollziehen können, was sich in der Welt dieser Jugendlichen abspielt.

Untersuchungen zeigen, dass für ungefähr dreißig Prozent der Adoleszenten die Pubertät eine Zeit ist, die nicht völlig glatt verläuft. Manchmal dauerhaft und manchmal vorübergehend gibt es Stimmungsschwankungen, Spannungen in der Familie und unhaltbare Situationen in der Schule. Obwohl manche dieser Verhaltensweisen zeitlich begrenzt sind und der Jugendliche sie überwindet, sind sie für viele Erwachsene eine Quelle großer Sorgen und Ärgernisse. Dazu kommt, dass ein Jugendlicher nur schwerlich einen Blick in sein Innenleben zulässt. Viele Jugendliche sind verschlossen und erzählen wenig von dem, was sie begeistert oder berührt, und wenn sie es doch tun, dann am wenigsten den Eltern. Diese haben es mit Jugendlichen in der Familie nicht leicht. Die Spannungen und Konflikte können sich enorm steigern, mitunter auch unerwartet beginnen. Und Jugendlicher in einer Familie zu sein, ist auch nicht leicht. Viele Regeln, an die Jugendliche sich zu halten haben, stammen nicht von ihnen selbst und passen überhaupt nicht zu ihrem Drang nach größerer Freiheit und Eigenverantwortung. Jugendliche fühlen sich schnell bevormundet und klein gemacht, weil die Eltern mit ihrer schnellen Entwicklung und den zunehmenden Möglichkeiten, selbst das Leben zu gestalten, nicht Schritt halten. Vieles am lästigen Pubertätsverhalten ist die unmittelbare Folge unangemessenen elterlichen Verhaltens. Das ganze Familienleben wird so durch die Pubertierenden beeinflusst. Doch ist ihr Einfluss auf die Familie gewiss nicht nur negativ. Jugendliche sind oft ohne Ansehen der Person ehrlich und verstehen es manchmal sehr genau, den Finger auf den wunden Punkt in der Familie zu legen, was bei weitem nicht immer mit Dankbarkeit aufgenommen wird.

Für die Eltern ist die Pubertät ihrer Kinder ein einschneidender Lebensabschnitt, in dem eine Menge erzieherischer Aufgaben ein Ende nehmen. Das Kind erreicht eine größere Selbständigkeit, und die Eltern merken, dass sie nicht mehr die selbstverständlichen Ratgeber oder Betreuer ihrer Kinder sind. In deren Leben werden andere Menschen wichtiger. Nicht selten werden Eltern dann mit der Vernachlässigung ihrer eigenen Partnerbeziehung konfrontiert. Wo die Elternschaft oft eine bindende Kraft war, zeigt sich in der Pubertät und später in der Adoleszenz, dass die Beziehung nicht mehr aufrecht zu erhalten ist. Die meisten Scheidungen finden nach zehn bis fünfzehn Jahren statt. Oft sind dann die Kinder in der Pubertät.

Die meisten Eltern verstehen, dass ihre Kinder groß und selbständig werden. Und sie freuen sich darauf. Selbständigkeit tritt nicht an dem Tag ein, am dem das Kind volljährig wird, sondern ist ein Prozess, der hoffentlich schon früher begonnen hat. Auch wenn die Kinder noch klein sind, ist es wichtig, dass sie in der Familie Verantwortung und Aufgaben übernehmen, die zu ihrer Entwicklung passen. Darüber gibt es gewöhnlich keinen Streit. In der Pubertät machen Eltern einen neuen Schritt, indem sie ihrem Kind mehr Verantwortung und Freiheiten geben, aber das ist öfters mit Konflikten verbunden. Der Jugendliche und seine Eltern sind sich oft uneinig darüber, wie viel Verantwortung und Freiheit dem Jugendlichen zugebilligt werden kann.

Durch die Pubertät verändern sich alle Beziehungen in der Familie. Die Zeit, welche die Familie miteinander verbringt, wird weniger vom Schema und dem Tagesablauf der Eltern, sondern zunehmend von den Aktivitäten des Jugendlichen bestimmt. Ihr schwächer werdender Einfluss auf das Verhalten der Jugendlichen ist für viele Eltern eine Quelle der Sorge. Kinder unterwerfen sich gewöhnlich der elterlichen Autorität, aber für den Jugendlichen gilt das nicht mehr. Viele Eltern finden es schwierig, dem Verhalten der Jugendlichen Grenzen zu setzen, Forderungen geltend zu machen und eine Hausordnung aufzustellen, an die sich auch der Jugendliche zu halten hat. Sie haben Angst vor einem Konflikt oder Angst davor, dass das Verbot zum Beispiel von Rauchen, Alkohol und Sexualität zu nicht kontrollierbarem heimlichem Verhalten führen wird.

Aber auch wenn deutliche Regeln bestehen, führt das zu Zusammenstößen mit Androhungen z. B. von Taschengeldentzug oder Hausarrest. Hinzu kommt, dass viele Jugendliche physisch stärker sind als ihre Eltern. Leider müssen viele Eltern erfahren, dass Elternmisshandlung ein verschwiegenes Problem ist, das häufiger vorkommt, als man denkt. Viele Eltern haben das Gefühl zu verzagen und schauen neidisch auf Familien, wo es auf den ersten Blick viel besser läuft. Dieses Schuldgefühl hat einen realen Hintergrund: Die Eltern eines Jugendlichen empfinden oft Reue und Gewissensbisse über das, was – wie sie durchaus selbst meinen – sie eigentlich hätten tun sollen. Aber alle Eltern versagen. Das geht auch nicht anders (und das werden sie manchmal auf schmerzliche Weise von ihren Kindern zu hören bekommen), nicht nur, weil Erziehen ein »unmöglicher Beruf« ist, sondern hauptsächlich, weil Jugendliche versagende Eltern brauchen, um mit der entschiedenen und gesunden Absicht groß zu werden, es später besser zu machen; sie können keine perfekten Eltern gebrauchen.

Auch für die Jugendlichen sind die Veränderungen in der Familie im Prinzip unangenehm. Sie sind damit beschäftigt, die Welt draußen zu entdecken, und die Unruhe zu Hause stört diese Entdeckungsreise. Einschneidende Ereignisse, wie der Tod eines Familienangehörigen, Umzug oder Ehescheidung, können so einen tiefgreifenden Einfluss auf die Entwicklung des Jugendlichen nehmen.

Nach Ansicht der meisten Autoren ist die Loslösung von den Eltern einer der Kernaspekte der Pubertät. Die Loslösung wird als ein Prozess betrachtet, bei dem die Abhängigkeit von den Eltern – wie in der Kindheit – allmählich in ein selbständiges Leben übergeht, indem der Jugendliche zum Erwachsenen heranwächst, der selbst Beziehungen einzugehen vermag, in die Intimität und Sexualität integriert werden. Der Loslösungsprozess ist eine komplizierte Angelegenheit, durch die sowohl Eltern als auch Jugendliche ganz schön durcheinander geraten können. Der Jugendliche wächst auf allen Gebieten aus der Familie heraus. Dass dies nicht immer ohne Probleme und Konflikte vonstatten geht, ist klar. Jugendliche, die zum Beispiel von zu Hause weglaufen, denken zu Unrecht, dass sie dadurch mehr Abstand von den häuslichen Problemen gewinnen. Loslösung ist jedoch ein innerer Prozess, wodurch die Beziehung zu den Eltern oder – etwas allgemeiner formuliert – zur Primärfamilie aus dem Zentrum rückt. Die Distanz wächst auf vielen Gebieten: körperliche Intimität, Normen, Werte und Ideale, neue Beziehungen und wirtschaftliche Selbständigkeit.

Welche Faktoren fördern oder hemmen den Loslösungsprozess? Alle Entwicklungslinien haben einen Einfluss darauf: Durch die sexuelle Entwicklung werden die Altersgenossen außerhalb der Familie wichtiger, durch die kognitive Entwicklung werden Kinder weniger abhängig von den Eltern, die Gewissensentwicklung gibt dem Kind die Möglichkeit, einen eigenen Kurs für sich abzustecken, die zunehmenden sozialen Fertigkeiten machen es möglich, die Beziehungen außerhalb der Familie zur eigenen Entfaltung zu nutzen, die Neugierde auf die Welt, auf Kunst und Kultur macht die Welt außerhalb der Familie immer reizvoller, und das selbst verdiente Geld vergrößert die Selbständigkeit.

Welche Faktoren sind für die Loslösung hinderlich? Viele Kinder fürchten die Unsicherheit in der Außenwelt und finden es schwierig, die Vertrautheit der eigenen Familie zu verlassen; die Außenwelt ist härter und unerbittlicher als die Familie, in der Außenwelt können Beziehungen aufgekündigt werden, in der Familie ist das viel schwieriger. Wenn Eltern die Loslösung ihrer Kinder als ein Verlassen-Werden erleben, fühlen die Jugendlichen sich schuldig, ihren eigenen Weg auszuprobieren.

Wenn Kinder das Gefühl haben, dass die Kinderstube unzureichend war, finden sie, dass die Eltern ihnen noch etwas schuldig sind, und fordern immer noch Versorgung, Zuwendung und Geld. Wenn Kinder psychisch auf wackeligen Beinen stehen, fürchten sie, die Pubertät nicht zu überleben; und verwöhnte Kinder sehen wenig Grund, ein selbständiges Leben zu beginnen.

Psychische Entwicklung hat den Beiklang eines allmählichen und ständigen Fortschritts. Das trifft aber nicht auf alle Jugendlichen in der Pubertät zu. Für Eltern und Erwachsene, die mit dieser Altersgruppe zu tun haben, ist die Pubertät eine schwierige Phase. Viele Jugendliche sind in ihren Äußerungen und Stimmungen kapriziöser und unberechenbarer als in der Kindheit. Die Stimmung schwankt manchmal stark zwischen einerseits groß sein (wollen) und vernünftig sein können, wobei ein großes Maß an Selbständigkeit an den Tag gelegt wird, aber andererseits auch einem sehr kindlichen Verhalten, auf einmal wieder kuscheln und mit einem Schmusetier schlafen zu wollen. Manchmal wollen sie unabhängig sein, dann haben sie wieder das Bedürfnis, umsorgt zu werden. Manchmal alles zugleich: Ganz selbständig mit allen dazugehörigen Privilegien sein wollen, aber sich gleichzeitig mit Junk-Food voll stopfen und sich mit fettigen Haaren und »muffigem« Körpergeruch vernachlässigen.

Mein Buch versucht, Erwachsenen, die mit Jugendlichen zu tun haben, von den Eltern bis zu Hausärzten, von Beratern bis zu Lehrkräften zu helfen, junge Menschen besser zu verstehen. Was ereignet sich in dieser Entwicklungsphase? Was beschäftigt die Jugendlichen? Wie verändert sich die Beziehung zu den Eltern? Was können Eltern tun, um die Pubertät zu überleben?

In diesem Buch werden einige spezielle Gruppen Jugendlicher nicht besprochen. Es gibt kein Extrakapitel über Jugendliche aus der Türkei oder

Marokko, den Antillen oder Indien. Das soll nicht heißen, dass diese Gruppen keinen Anlass zur Besorgnis geben würden, aber es ist doch so, dass eine Reihe von Problemen in diesen kulturellen Subgruppen so spezifisch ist, dass eine eigene Studie über die typischen Probleme dieser Gruppen angezeigt wäre. Das heißt aber nicht, dass vieles, was in diesem Buch beschrieben wird, nicht auch für diese Jugendlichengruppen gilt.

Die psychosexuelle Entwicklung der Jugendlichen

Als ich mit dreizehn oder vierzehn Jahren
Zum ersten Mal davon erfuhr,
Dacht' auf dem Weg zu Schule ich:
Die Menschen auf der Straße waren
Heut' Nacht im Bett zusammen.

Von Abenteuer keine Spur,
Auch nicht erleichtert schienen sie
In Haltung weder –
Noch Gesichtsausdruck.

Die meisten Autoren, die über die Pubertät schreiben, gehen davon aus, dass die körperliche Entwicklung – und vor allem die sexuelle Reifung – der Motor für fast alle typischen Veränderungen in der Pubertät, wie die Loslösung von den Eltern, Konflikte über Kleidung, Regeln, Normen und Werte, die sozialen Rollen und die Suche nach Identität, ist. Obwohl die sexuelle Reifung eine herausragende Rolle in der Pubertät spielt, zeigen neuerliche Untersuchungen, dass ein großer Teil des Pubertätsverhaltens mehr von sozialen Faktoren, der kognitiven Entwicklung und Faktoren innerhalb der Familie bestimmt wird, als man bisher angenommen hatte. Die psychosexuelle Entwicklung ist aber trotzdem eines der Kernthemen der Pubertät.

Beginnt das Sexualleben der Kinder in der Pubertät?
Man hört oft die Meinung, das Sexualleben beginne erst in der Pubertät, was bedeuten würde, dass kleine Kinder keine Sexualität kennen würden. Es war sicher ein großer Verdienst Freuds zu zeigen, dass die Sexualität der Erwachsenen, wie sie in der Pubertät zur Entfaltung kommt, das Ergebnis einer Entwicklung ist, die in der frühen Kindheit beginnt. Freud erkannte nicht nur, dass kleine Kinder an sexuellen Themen, wie Schwangerschaft und Geburt, interessiert und neugierig auf den eigenen Körper und sexuelle Spielereien sind, sondern dass sie auch sexuelle Empfindungen haben. Er sah die Lust der kleinen Kinder am eigenen Körper als Vorläufer der Erwachsenen-Sexualität an. Die sexuelle Fantasie, die

sich damit beschäftigt, woher die Kinder kommen, und das Geheimnis der Zeugung weisen unmittelbar auf Fantasien und Gefühle über das Sexualleben der Erwachsenen hin. Man könnte die Fantasien und Gefühle der Kinder sehr gut als ihre eigene Erotik bezeichnen, weil sie in der normalen Entwicklung nie Wirklichkeit werden.

Das vielleicht Charakteristischste und Sichtbarste der Pubertät als Entwicklungsphase ist die Veränderung des Körpers. Der Körper des Kindes wird zu dem eines Erwachsenen.

Biologie der Pubertät

Die Pubertät beginnt bei Jungen und Mädchen in verschiedenem Alter; bei Mädchen durchschnittlich mit 10,5, bei Jungen mit 12,5 Jahren. Sie zeichnet sich durch zwei sichtbare Veränderungen aus: den Wachstumsschub und die Entwicklung der Geschlechtsmerkmale. Die Jugendlichen wachsen jedes Jahr durchschnittlich zwanzig Zentimeter. Andere wichtige körperliche Veränderungen sind: das Wachstum der Schamhaare, bei Mädchen die Entwicklung der Brüste; bei den Jungen wachsen der Penis und die Hoden und es kommt zu Stimmbruch und Bartwuchs. Die Menarche beginnt bei Mädchen im Durchschnitt mit 12,5 Jahren. Viele Forscher vermuten, dass der Beginn der Menstruation nicht so sehr vom Alter als vielmehr vom Gewicht abhängt. Mädchen beginnen zu menstruieren, wenn sie ungefähr 47 Kilogramm wiegen. Jungen haben ihren ersten Samenerguss mit 14,5 Jahren. Außerdem reifen die inneren Geschlechtsorgane.

Innerhalb der Gruppe der Jugendlichen gibt es große Unterschiede in Alter und Tempo der pubertären Entwicklung. Diese vollzieht sich bei 95 Prozent der Kinder zwischen zehn und 16 Jahren. Bei manchen Jugendlichen zieht sich die Pubertät über einige Jahre hin, während es andere in ein paar Monaten schaffen. Über die Folgen dieses Unterschieds in Alter und Tempo wurden viele Studien durchgeführt. Die Ergebnisse stimmen wenig überein. Allgemeines Ergebnis ist, dass Jugendliche, die viel zu früh, aber auch viel zu spät in die Pubertät kommen, darunter leiden können und ihre Entwicklung negativ beeinflusst werden kann.

Es sind vor allem die psychischen Folgen der körperlichen Reifung, die in diesem Kapitel zur Sprache kommen.

Psychische Folgen der körperlichen Reifung

Die Sexualität stellt den Jugendlichen und seine Familie vor ganz neue Herausforderungen.

Die psychischen Folgen der Pubertät sind einschneidend. Die meisten Jugendlichen empfinden ihrem Körper gegenüber ein Fremdheitsgefühl. Durch die sexuelle Reifung und den Wachstumsschub verändert sich nicht nur der Körper selbst, sondern auch das Körpererleben. Die Jugendlichen verlieren die gewohnte Vertrautheit mit dem eigenen Körper. Sie sind ungeschickt, schlaksig und fühlen sich unsicher. Sie sitzen ungelenk auf dem Stuhl, stoßen überall dagegen und stolpern: Es scheint, als wüssten sie nicht mehr, wo sie anfangen und wo sie aufhören. Sie erfahren neue Gefühle, wie sexuelle Erregung, und andere, zum Beispiel aggressive Gefühle, werden intensiver. Beide können gerade wegen ihrer Intensität beängstigend sein.

Die Konfrontation mit diesen neuen und heftigen Gefühlen verlangt vom Jugendlichen neue Mittel und Wege, um damit umzugehen und diese neuen Eigenschaften für sich selbst zu akzeptieren und ihnen einen Platz zuzuweisen. Die Unsicherheit zeigt sich oft in starken Zweifeln über die eigene äußere Erscheinung, denen kein einziger Jugendlicher zu entkommen scheint. Fast alle Mädchen sind bezüglich ihrer Figur unsicher: Bin ich nicht zu dick? Und später in der Pubertät auch oft: Ist mein Busen groß und schön genug? Bei Jungen scheint sich die pubertäre Unsicherheit vor allem auf ein sportliches Äußeres zuzuspitzen: Sind meine Schultern breit genug? Habe ich gut ausgebildete Muskelpakete? Auch der Bartwuchs wird sorgsam beobachtet. Der Stimmbruch ist für die Jungen ein wichtiger Moment. Es ist nicht schwer zu erkennen, dass diese Besorgnis um das Äußere mit der Unsicherheit über den neuen sexuellen Körper zu tun hat. Und wer die Jugendzeitschriften aufschlägt, sieht mit einem Blick, dass die Attraktivität für das andere Geschlecht das Wichtigste zu sein scheint, was es gibt. Fast alle Jugendlichen finden sich hässlich, aber Mädchen scheinen damit mehr Probleme zu haben als Jungen.

Die meisten Jugendlichen können recht gut mit dem sich verändernden Körper umgehen. Sie fühlen sich zwar unsicher, aber die wichtigsten Beziehungen haben darunter kaum zu leiden. Jugendliche, die sehr früh oder sehr spät in die Pubertät kommen, fühlen sich öfters isoliert und fürchten, den Anschluss an ihre Altersgenossen zu verpassen. Jugendliche mit viel Selbstvertrauen haben es damit weniger schwer als andere, die sich sehr unsicher fühlen. Es bleibt übrigens wichtig festzuhalten, dass die Qualität des Familienlebens ein entscheidender Faktor ist: Je mehr Probleme es in der Familie gibt, desto unsicherer ist der Jugendliche mit sich selbst.

Langeweile

Die Matrosen der Ostindischen Kompanie kannten auf der Route in die Kolonien die berüchtigte Windstille in der Tropenzone. Die Segelschiffe kamen oft wochenlang nicht vom Fleck. Die Mannschaft wurde Opfer einer außerordentlichen Langeweile, bis das Schiff wieder Wind in die Segel bekam und die Fahrt wieder aufgenommen werden konnte. Winnicott, ein bekannter englischer Psychoanalytiker, bezeichnete die Pubertät als eine Entwicklungsphase, die man mit diesem »struggling through the doldrums« vergleichen könne. Er meinte damit die enorme Langeweile, der Jugendliche anheimfallen können. Langeweile ist ein komplizierter Gefühlszustand, der typisch für die Pubertät ist. Es geht dabei um das Warten und um vage und unbestimmte Wünsche, von denen dem Jugendlichen nicht klar ist, wie sie befriedigt werden können. Ein Jugendlicher sagte einmal über die Langeweile: »Ich habe Lust auf irgendetwas, glaube ich, aber ich weiß nicht auf was.«

Die sexuelle Reifung konfrontiert den Jugendlichen mit neuen und oft heftigen Gefühlen. Die Notwendigkeit, sich mit der sexuellen Erregung und der Möglichkeit des Orgasmus vertraut machen zu müssen, ist eine wichtige Entwicklungsaufgabe. Die sexuellen Gefühle sind in der Pubertät oft diffus. Sexualität ist also noch nicht – wie beim Erwachsenen – an eine sexuelle Situation gebunden. Erwachsene können (meist) über Sexualität sprechen, lesen oder schreiben, ohne erregt zu werden, oder mit anderen Worten: Sie können der sexuellen Erregung einen sicheren Platz zuweisen. Für einen Jugendlichen ist das komplizierter, nicht nur weil sexuelle Gefühle sich unvermittelt in Situationen, die nicht sexuell sind (zum Beispiel vor der Klasse) bemerkbar machen, sondern ein Jugendlicher auch oft noch nicht genau weiß, wann eine soziale als eine sexuelle Situation verstanden werden darf, kann oder muss. Jede spannungsreiche Situation kann eine sexuelle Reaktion oder Erregung hervorrufen.

Küssen oder nicht?

Ein Junge von 13 Jahren fährt nach der Schule regelmäßig mit einem Mädchen zu deren Haus. Sie reden dann eine Weile vor der Tür, und nach einer Viertelstunde fährt der Junge zu sich nach Hause. Er fragt sich, was das Mädchen von ihm erwartet. Einen Kuss? Er fragt sich, wer die Initiative für solch eine Annäherung ergreifen muss. Das Mädchen fürchtet, dass es dem Jungen vor allem um ein gutes Gespräch geht, und wagt nicht, sich anmerken zu lassen, dass sie mehr will als nur reden. So fantasieren sie beide über ihre erste sexuelle gemeinsame Erfahrung. Sie wissen nicht und probieren nicht aus, ob ihre Beziehung eine sexuelle Situation ist.

In der Pubertät sind sexuelle Gefühle und Fantasien noch nicht fest an *eine* Person, *ein* Geschlecht und *eine* Generation gebunden. Die Jugendlichen ertappen sich oft bei homosexuellen Gefühlen oder auch (zum Beispiel) bei einer heftigen Verliebtheit in einen Lehrer oder eine Lehrerin. Auch eine sexuelle Fantasie über einen Stiefelternteil ist nicht ungewöhnlich.

Kinder entdecken im Vorschulalter, dass die Eltern einander anders lieben als ihre Kinder. Der wichtigste Unterschied ist natürlich, dass Vater und Mutter eine sexuelle Beziehung haben. Eltern und Kinder haben das – wenn alles in Ordnung ist – absolut nicht. Diese Konfrontation mit der Realität, die für das Kind auch einen empfindlichen Verlust darstellt, erfährt in der Pubertät eine – manchmal verwirrende – Fortsetzung, wenn der Jugendliche entdeckt, dass die kindliche romantische Vorstellung, nur wirklich Liebende hegten sexuelle Gefühle für einander, offensichtlich nicht zutrifft. Der Jugendliche merkt – manchmal zu seinem eigenen Schrecken –, dass sexuelle Gefühle in allen wichtigen Beziehungen eine Rolle spielen.

Signale

Auf dem Gebiet der körperlichen Reifung gibt es zahlreiche Signale, die auf eine gestörte oder problematische Entwicklung hinweisen können. Sie machen eine Überweisung durch den Hausarzt an einen Spezialisten notwendig. Es gibt Kinder mit vorzeitiger Pubertät, zum Beispiel: Entwicklung der Brust bei einem sechsjährigen Mädchen, Menstruation mit sieben Jahren oder bei einem Jungen Bartwuchs mit zehn Jahren. Andere Kinder zeigen ein auffallendes Zurückbleiben in der pubertären Reifung: Der Wachstumsschub bleibt aus, die sekundären Geschlechtsmerkmale fehlen. Oft treten diese Abweichungen vor dem Hintergrund von Wachstums- und Entwicklungsstörungen auf und erfordern eine sorgfältige medizinische Beobachtung. Es ist wichtig, dass hier die verschiedenen Disziplinen zusammenarbeiten: Kinderheilkunde/Kinder- und Jugendlichen-Psychotherapie bzw. -Psychiatrie, Endokrinologie, Genetik und, wenn möglich, auch ein Genderspezialist. Oft ist eine gründliche Diagnostik an einer Universitätsklinik erforderlich.

Masturbation

Die Masturbation spielt in der Pubertät eine wichtige Rolle. Andauernde sexuelle Erregung ist ein unangenehmes Gefühl, aber die Entladung ist für die meisten Jugendlichen eine sehr angenehme Erfahrung (Orgasmus). Obwohl in den westlichen Gesellschaften des 21. Jahrhunderts kaum mehr ein Tabu zu bestehen scheint, bleibt Masturbation für viele Jugendliche (und übrigens nicht nur für sie) ein empfindliches und schambesetztes Thema. Die Scham- und Schuldgefühle beziehen sich oft auf zwei Aspekte:

1. Die Heftigkeit der eigenen sexuellen Gefühle: Es ist für Jugendliche eine neue Erfahrung, körperliche Gefühle zu erleben, die sie nicht kontrollieren können. Es ist nicht nur peinlich, sondern macht ihnen manchmal auch Angst.
2. Die sexuelle Fantasie kann beschämend werden oder Schuldgefühle hervorrufen, wenn eine Grenze überschritten oder ein Tabu gebrochen wird: eine homosexuelle oder zu aggressive Fantasie, eine sexuelle Fantasie über einen Erwachsenen oder einen Familienangehörigen.

Die Masturbation hat eine wichtige und gesunde Funktion. Durch sie entdeckt der Jugendliche die sexuellen Aspekte des eigenen Körpers. Er experimentiert mit etwas, das ein angenehmes und lustvolles Gefühl bereitet. Er entdeckt an sich selbst, was Sexualität ist, kann in der Fantasie mit etwas, das er als schön erlebt, experimentieren und entdeckt auch, wo die Grenzen liegen. Gerade durch die kognitive Entwicklung ist es dem Jugendlichen möglich, heftige sexuelle und aggressive Fantasien erleben zu können, ohne sie erst mit Gleichaltrigen ausprobieren zu müssen. Die Masturbation hilft auch ein bisschen gegen Kummer und das Gefühl der Einsamkeit: Masturbation als Trost.

Vor einigen Generationen wurde noch in weiten Kreisen der Bevölkerung, inklusive vieler professioneller Erzieher, Ärzte und Psychiater, negativ über Masturbation gesprochen und geschrieben. Sie wurde als möglicher Faktor für die Entwicklung ernster psychischer und körperlicher Probleme angesehen. Nachdem man nun die gesunden Seiten der Masturbation mehr betont, darf jedoch gesagt werden, dass Masturbieren auch ein Signal dafür sein kann, dass es dem Jugendlichen nicht gut geht. Aus der Praxis ist bekannt, dass übermäßiges und zwanghaftes Masturbieren ein Symptom oft ernster Probleme ist. Es hat dann zum Beispiel die Funktion, Angst und Depression nicht empfinden zu müssen oder den Kontakt mit der Realität nicht zu verlieren.

Unterschiede zwischen Jungen und Mädchen

Die spärliche Forschung über Masturbation in der Pubertät hat zu wenig zuverlässigen Ergebnissen geführt. Aus ihnen ergibt sich, dass, obwohl alle Jungen und Mädchen erotische Fantasien haben, viel mehr Jungen – und auch viel öfter als Mädchen – masturbieren und über Sexualität fantasieren. Fünfzig Prozent der vierzehnjährigen Jungen masturbieren regelmäßig, gegenüber zwanzig Prozent der Mädchen. Das hat Folgen für die Beziehungen. Jungen und Mädchen beginnen eine sexuelle Beziehung aus einer unterschiedlichen Position heraus. Jungen haben oft schon eine ausgesprochene Vorstellung darüber, was sie wie aufgrund ihrer Masturbationsfantasie bei der Sexualität entdecken wollen, während Mädchen eher über Sex in einer Beziehung fantasieren.

Warum masturbieren mehr Jungen – und häufiger – als Mädchen?

In unserer Kultur ist die männliche Sexualität immer weniger ein Tabu gewesen als die weibliche, und mit der Toleranz und dem Verständnis für die männliche Sexualität ist es nicht anders. Über die Gründe dieses kulturellen Tabus ist viel geschrieben worden. Oft gehörte Argumente lauten,

- *dass die weibliche Sexualität mit der Mutterschaft und dem Schwanger-Werden und somit mit den Normen und Werten des Familienlebens in Verbindung gebracht wird, während das Schwängern viel weniger dazu zählt;*
- *dass die Beziehung zwischen den Mädchen und ihren Müttern intimer ist als die Verbindung von Jungen mit einem der Eltern. Mädchen fühlen sich dadurch gehemmter zu masturbieren, denn sie haben Angst vor der Missbilligung der Mutter;*
- *dass, obwohl vieles von seiner Auffassung über Sexualität veraltet ist, Freud einer der ersten Denker war, der die weibliche Sexualität anerkannt und beschrieben hat. Er vermutete, dass Mädchen und*

Frauen mehr als Männer an der Beziehung interessiert sind, innerhalb derer sich die Sexualität abspielt.

Die meisten Eltern bekommen wenig über die sexuellen Gefühle ihrer Kinder zu hören, und das scheint auch der normalste Gang der Dinge. Sicher, Masturbation ist als Gesprächsthema zu Recht tabu. Eltern bringen die Jugendlichen zumindest in große Verlegenheit, wenn sie der Meinung sind, dass darüber gesprochen werden muss. Es ist ein Einbruch in die rechtmäßige Intimsphäre, auf jeden Fall, wenn es sich um sexuelle Gefühle handelt. Nur exzessives Verhalten verlangt die Aufmerksamkeit der Erwachsenen: Masturbation in der Öffentlichkeit oder in Verbindung mit Selbstverletzung sind Beispiele von Situationen, die eine Überweisung zu einer Beratungsstelle rechtfertigen.

Sexuelle Beziehungen

In der Pubertät richtet sich das Interesse an der Sexualität – bei Jungen noch mehr als bei Mädchen – vor allem auf die instrumentellen und technischen Aspekte. Wie funktioniert das bei mir? Wie funktioniert das bei anderen? Was ist normales Sexualverhalten? Wie fängt man es an? Wie vermeide ich eine Blamage? Oft besteht eine große Scham wegen der eigenen Wünsche. Niemand darf sie bemerken, niemand darf sie kennen. Zwischen Jungen und Mädchen bestehen dabei Unterschiede, aber die sind weniger groß als viele Erwachsene denken. Für Mädchen ist das Gefühl, was die Beziehung zu den Jungen betrifft, wichtiger als umgekehrt für die Jungen. Für diese ist das Machen wichtiger als das Erleben.

Wie fängt man es an?
Ein dreizehnjähriger Junge fragt sich, wie er beim Klassenfest ein Mädchen aufreißen soll. Er überlegt, wie er vorgehen soll: Legt man zuerst den Arm um die Taille und bittet sie dann um einen Kuss? Küsst man zuerst auf die Wange und dann auf den Mund? Wie gibt man einen Zungenkuss? Er hält es auch für einen Nachteil, dass er den Anfang machen soll und dass dann das Mädchen »ja« oder »nein« sagen kann. Er würde es viel schöner finden, wenn er von dem Mädchen angemacht würde. Außerdem, was meint ein Mädchen eigentlich, wenn es »nein« sagt? Ist sie nur nett, wenn sie »ja« sagt? Mit schiefem Blick schaut er zu den

coolen Jungen seiner Klasse, die scheinbar ohne Angst auf die Mädchen zugehen und genau zu wissen scheinen, was sie sagen müssen. Manche Mädchen sind ihm auch unheimlich, weil sie soviel älter erscheinen: Die wollen ihn sicher nicht. Er sucht sich lieber ein Mädchen, bei dem er kein Risiko auf einen Korb eingeht. Aber was werden seine Freunde dazu sagen?

Ein dreizehnjähriges Mädchen weiß schon lange, welchen Jungen sie nett findet und mit wem sie gehen will, aber sie kann an seinem Verhalten nicht erkennen, ob er sie ebenfalls nett findet. Sie hofft, dass er bei dem Klassenfest auf sie zukommt und mit ihr redet. Mit ihren Freundinnen hat sie das ausführlich besprochen, und sie weiß schon sehr viel über ihn. Ob er schüchtern oder gar gleichgültig ist, weiß sie nicht. Doch die Mädchen sind zu dem Ergebnis gekommen, man sollte ihn vor allem merken lassen, dass man ihn nett findet.

Für Jungen wie Mädchen ist die erste sexuelle Erfahrung denn auch keine hinreißende Liebesbeziehung. Im Gegenteil: Oft sind es »Probebeziehungen«, in denen der andere mehr ein Mittel zum eigenen sexuellen Zweck ist. Bei Jungen ist das ausgeprägter als bei Mädchen, die dann auch öfter enttäuscht werden.

Das Sexualverhalten Jugendlicher ist noch sehr wenig erforscht. Die spärlichen Zahlen sind durch Fragebögen und Selbstberichte erworben worden. Darin wird deutlich, dass Jugendliche über ihr Sexualverhalten oft nicht die Wahrheit sagen. Es ist aber ausreichend belegt, dass kein unmittelbarer Zusammenhang zwischen der pubertären Reifung und dem Sexualverhalten besteht. Mit anderen Worten: Nicht die Biologie, sondern die Psychologie bestimmt, ob ein Jugendlicher eine sexuelle Beziehung eingeht.

In der Pubertät beschränkt sich die sexuelle Erfahrung bei den meisten Jungen und Mädchen auf die Masturbation, Händchenhalten und Küssen. Aus verschiedenen Quellen geht hervor, dass sexueller Verkehr bei Jugendlichen unter fünfzehn Jahren relativ selten vorkommt. Von den Dreizehnjährigen haben ungefähr acht Prozent der Jungen und vier Prozent der Mädchen sexuellen Verkehr gehabt. 28 Prozent der Jungen und 18 Prozent der Mädchen geben an, mit sechzehn Jahren sexuellen Kontakt gehabt zu haben. Außer wenn es sich um eine feste Beziehung handelt, geschieht das meist nur ein einziges Mal. Mädchen haben öfter eine länger dauernde sexuelle Beziehung mit dem ersten Partner als Jungen.

Die Verhältnisse in Deutschland

Die Angaben beziehen sich auf den Bericht der »Bundeszentrale für gesundheitliche Aufklärung« (BZgA) »Jugendsexualität. Repräsentative Wiederholungsbefragung von 14- bis 17-Jährigen und ihren Eltern«, erschienen 2009. Berücksichtigt ist die Altersklasse der Zwölf- bis Siebzehnjährigen. Bemerkenswert ist, dass nicht das Lebensalter für die Aufnahme sexueller Aktivitäten verantwortlich ist, sondern die sexuelle Reife, bestimmt durch die Menarche bei Mädchen und die Ejakularche (erster Samenerguss) bei Jungen. Je früher sie eintreten, desto eher beginnen die sexuellen Erfahrungen. Daneben spielen noch andere Faktoren, wie zum Beispiel der Sozialstatus, eine Rolle. Hauptschüler beginnen am Frühesten, gefolgt von Realschülern, Gymnasiasten und Gesamtschülern.

Trotz großer Anstrengungen und Fortschritten in der sexuellen Aufklärung bestehen weiterhin deutliche Defizite, insbesondere, wenn es um intim-emotionale Fragen, wie sexuelle Praktiken und Empfängnisverhütung, geht. Aber ist das nur ein Nachteil? Soll man den jungen Leuten – sieht man von der Empfängnisverhütung ab – nicht auch die Chance zur eigenen Fantasie und eigenen Entdeckungen lassen?

Wie sieht es nun mit den sexuellen Erfahrungen der Jugendlichen aus? Mit vierzehn Jahren ist die Quote derer, die noch keinen sexuellen Kontakt mit einem Partner/einer Partnerin hatten noch sehr hoch (♂ 42 Prozent, ♀ 34%) und mit siebzehn Jahren sind es nur noch ganz wenige (♂ 9 Prozent, ♀ 6 Prozent). Es zeichnet sich hier schon eine Tendenz ab, die sich durch alle sexuellen Beziehungen zieht: Die Mädchen sind sexuell aktiver als die Jungen. Als Grund für das Zögern, sexuelle Beziehungen aufzunehmen, kommen vor allem Unsicherheit und, daraus resultierend, Schüchternheit in Frage.

Die häufigste Form sexueller Aktivitäten, vor allem bei den Jüngeren, ist Küssen und Petting, wird aber mit zunehmendem Alter, das heißt bis 17 Jahre, vom vollendeten Geschlechtsverkehr abgelöst: mit vierzehn Jahren (♂ 10 Prozent, ♀ 12 Prozent), mit siebzehn Jahren (♂ 66 Prozent, ♀ 73 Prozent).

Die Zufriedenheit mit dem eigenen Körper wird überwiegend positiv eingeschätzt. Hierin stimmen die Ergebnisse der BzgA und eine Umfrage der Jugendzeitschrift BRAVO weitgehend überein. Eine gute äußere Erscheinung ist vor allem mit der Vorstellung vom Erfolg beim anderen Geschlecht verbunden. Während Jungen sich gerne muskulöser (17 Prozent) und sportlicher (13 Prozent) sähen, wünschen sich die Mädchen schlanker zu sein (27 Prozent) und möchten ein hübsch(er)es Gesicht haben (20 Prozent).

Auch die Erfahrung mit anderen Sexualpraktiken der Altersgruppe der Zwölf- bis Vierzehnjährigen wurde zusammengestellt: 30 Prozent masturbieren, 50 Prozent kennen Zungenküsse, 25 Prozent haben Erfahrungen mit betasten und streicheln und sieben Prozent mit oralem Sex. Dabei gibt es große Unterschiede zwischen den Untergruppen der Jugendlichen. Das Bildungsniveau spielt dabei eine wichtig Rolle: je höher, desto später der Beginn sexueller Beziehungen. Die Schule ist ein Kompromiss zwischen Anpassung an die Welt der Erwachsenen und den Erfahrungen in der eigenen Subkultur. Am Ende der Pubertät sieht das Dilemma der Pubertät also oft folgendermaßen aus: Lernen oder ins Bett gehen? Bei niedrigerer Bildung eher ins Bett gehen, bei höherer Bildung eher das Lernen. Für viele Jugendliche ist das eine schwierige Situation, aber voller gegenseitiger Eifersucht. Jugendliche, die darin extrem wählerisch sind, werden oft bewundert oder beschimpft. Die meisten suchen einen Mittelweg.

Kulturelle Unterschiede

Einheimische Jugendliche stehen vorehelichen sexuellen Beziehungen und der Homosexualität ziemlich tolerant gegenüber, in scharfem Gegensatz z. B. zu den Jugendlichen marokkanischer und türkischer Abstammung, die beides stark verurteilen. Diese denken auch über Abtreibung negativer. Andere »ausländische« Jugendliche befinden sich bezüglich dieser Themen zwischen beiden Positionen. Neben der Schulbildung ist also der kulturelle Hintergrund ein wichtiger Faktor für das Sexualverhalten. Auch hier fällt auf, dass es keine bis sehr wenige zuverlässige Untersuchungen über das Sexualverhalten Jugendlicher aus verschiedenen Kulturen gibt. Deutlich ist jedoch, dass große Unterschiede in der kulturellen Toleranz bezüglich des Sexualverhaltens Jugendlicher bestehen. Für die Gruppe der etwas Älteren sind einige vorläufige Zahlen bekannt. Mehr als die Hälfte (66%) der einheimischen Mädchen hat, bevor sie achtzehn Jahre sind, Geschlechtsverkehr gegenüber 37% der einheimischen Jungen. Für türkische (8%) und indische Mädchen (22%) liegt der Prozentsatz viel niedriger. Auch türkische (28%) und indische Jungen (52%) haben mit achtzehn Jahren weniger sexuelle Erfahrung. Aus der Gruppe der marokkanischen Jugendlichen fehlen zuverlässige Zahlen. In der marokkanischen Kultur wird die voreheliche sexuelle Beziehung stark missbilligt, aber es gibt genug Hinweise, dass das Sexualverhalten, vor allem bei den Jungen, damit nicht übereinstimmt.

Die meisten Eltern finden, dass ihre Kinder zu früh mit sexuellen Beziehungen beginnen. Aber die Praxis lehrt, dass ein Verbot durch die Eltern kaum Einfluss auf das Verhalten der Kinder hat. Außerdem ist sogar die Mehrheit der Eltern nicht über die erste sexuelle Beziehung ihrer Kinder informiert. Lediglich dreißig Prozent der Eltern aus der Gruppe der Fünfzehnjährigen mit sexueller Erfahrung weiß davon. Wenn Jugendliche früher als ihre Altersgenossen eine sexuelle Beziehung eingehen, ist das nicht unbedingt ein Grund zur Beunruhigung. Die ersten sexuellen Erfahrungen sind für die meisten Jugendlichen ziemlich positiv.

Natürlich ist es für Jugendliche wichtig, wie die ersten sexuellen Beziehungen verlaufen. Weil die ersten sexuellen Partner der Mädchen meistens älter sind, sind die Mädchen verletzlicher als die Jungen. Das Risiko einer unerwünschten Schwangerschaft spielt dabei auch eine Rolle. Aus Untersuchungen geht hervor, dass eines von sechs Mädchen sagt, gelegentlich »gegen ihren Willen« Sex zu haben. An sich ist das eine beunruhigende Zahl, welche die Verletzlichkeit von Mädchen noch einmal bestätig, aber andererseits ist nicht deutlich, was genau unter »gegen ihren Willen« zu verstehen ist. Das kann von »den Freund gewähren lassen«, während man selbst keine so große Lust hat, bis zu unerwünschtem Sex mit einem unerwünschten Anderen variieren.

Obwohl Eltern mehr außen vor sind, als ihnen bewusst (und oft lieb) ist, wenn es um das Sexualverhalten ihres Sohnes oder ihrer Tochter geht, gibt es Signale, die darauf hinweisen können, dass Besorgnis über die sexuelle Beziehungen ihrer Kinder angebracht ist. Und zwar dann, wenn:

1. der Jugendliche in kurzer Zeit mit verschiedenen Partnern nacheinander sexuelle Beziehungen hat,
2. angibt, es nicht schön zu finden oder es ihn zu verwirren scheint,
3. die sexuellen Beziehungen mit Drogen und/oder Alkohol einhergehen und
4. die sexuelle Beziehung nicht in einem intimen Rahmen stattfindet.

Im Kapitel über die Pubertätsprobleme werden noch andere Signale besprochen, die auf Schwierigkeiten der Jugendlichen allgemein und schließlich auch auf diese Problematik hinweisen können.

Geglückter Sex

Tim ist fünfzehn Jahre alt und über beide Ohren in Janine verliebt, die ein Jahr jünger ist. Sie besuchen dieselbe Schule und haben seit zwei Mona-

ten eine feste Beziehung. Die Eltern finden das in Ordnung, haben aber zur Bedingung gemacht, dass es nicht auf Kosten der Schule gehen darf. Tim und Janine gehen am Wochenende meist mit einer Clique aus der Schule aus. Janines Eltern finden es nicht so gut, dass sie sich gemeinsam in ihrem Zimmer aufhalten. Tims Eltern finden das nicht so schlimm, meinen aber, er und Janine müssten sich an die Abmachungen mit den Eltern halten. Janine hat mit ihrer Mutter über sicheren Sex gesprochen. Sie bekommen Streit. Als die Eltern von Tim am Wochenende verreisen, gehen Tim und Janine zum ersten Mal miteinander ins Bett. Janine hat für Kondome gesorgt. Sie haben es den Eltern nicht erzählt.

Glückloser Sex

Laura erweist sich, seit sie elf Jahre ist, als eine schwierige frühreife Jugendliche. Mit zwölf Jahren hat sie bereits eine regelmäßige sexuelle Beziehung zu einem neunzehnjährigen Studenten. Zu Hause war sie gegenüber ihrer depressiven Mutter ziemlich widerspenstig. Als Laura mit vierzehn Jahren nach heftigen Konflikten, insbesondere mit ihrer Mutter, regelmäßig mit ihr kaum bekannten jungen Männern von zu Hause wegläuft, nimmt die Mutter in einer solchen Krise eine tödliche Überdosis Tabletten. In ihrem Abschiedsbrief schreibt sie, sie könne nicht mehr mit ansehen, wie ihre Tochter ihr Leben wegwirft. Auch wolle sie Laura nicht mehr im Weg stehen, weil diese sich wegen ihrer Depression so schuldig fühle. Für Laura stürzt eine Welt ein. Sie traut sich nicht mehr aus dem Haus und wird zunehmend schwer depressiv. In der anschließenden Psychotherapie erweist sie sich als intelligentes Mädchen. Ihre Depression hellt auf, nachdem sie mehr Wut über den Selbstmord der Mutter zuzulassen scheint. Im zweiten Behandlungsjahr bricht sie die Psychotherapie abrupt ab, weil sie sich heftig in einen südamerikanischen Mann verliebt hat, mit dem sie eine Weltreise machen will. Zu diesem Zeitpunkt ist sie noch keine siebzehn Jahre alt.

Das Beispiel zeigt, dass glückloser Sex bei Jugendlichen oft vor dem Hintergrund gestörter Familienbeziehungen oder ernsthafter Familienprobleme stattfindet. Das Sexualverhalten dient dann oft dazu, einer unhaltbaren Situation zu entkommen oder unerträgliche Gefühle beiseite zu schieben.

Grenzen überschreitender sexueller Kontakt

Manche Jungen und Mädchen haben in der Pubertät unfreiwillige sexuelle Erfahrungen mit Erwachsenen und/oder Gleichaltrigen gemacht. Genaue

Zahlen sind nicht leicht anzugeben, aber sie weisen in die Richtung, dass ca. zwei Prozent der Jugendlichen Grenzen überschreitenden sexuellen Kontakt mit einem Erwachsenen hatten. Dazu zählt sowohl ein einmaliges Ereignis (liebkosen, streicheln und küssen) bis hin zum häufigen und langandauernden sexuellen Missbrauch.

Es ist auch noch lange nicht klar, welches die Folgen unerwünschter Intimitäten auf lange Sicht sind: Einerseits werden die Berater/Therapeuten oft mit den ernsten psychischen Folgen sexuellen Missbrauchs konfrontiert, andererseits wächst die Mehrzahl der Kinder, die ein oder mehrere Male mit unerwünschten Intimitäten in Berührung kamen, ohne nennenswerte Schäden auf. Plausibel ist, dass, je öfter, je ernster und je länger der Missbrauch stattgefunden hat, desto größer ist die Gefahr ernsthafter späterer Probleme. Obwohl auch viele Erwachsene sexuellen Missbrauch als Ursache ihrer späteren Probleme betrachten, erweist er sich oft als Ergebnis einer gestörten Entwicklung und nicht als deren Ursache. Anlässlich aufsehenerregender Ereignisse bekommt man auch immer mehr einen Blick für die Unzuverlässigkeit von Berichten über sexuellem Missbrauch.

Falscher Alarm

Jenny, ein dreizehnjähriges Schulmädchen, erzählt ihrer Freundin, sie sei von einem Jungen nahe dem Einkaufszentrum sexuell belästigt worden. Die Freundin erschrickt und erzählt es aufgeregt ihrer Mutter, die sofort Kontakt mit der Schulleitung aufnimmt. Diese ruft Jennys Eltern zu sich und schaltet mit deren Zustimmung die Polizei ein. Bei der Polizei erzählt das Mädchen in Anwesenheit der erschrockenen Eltern und Mutter weinend und fassungslos die Geschichte über den Jungen im Einkaufszentrum, der sich an ihr vergriffen hätte und den sie nur ungenau beschreiben kann. Ein Junge wird festgenommen, der heftig leugnet und nach vierundzwanzig Stunden freigelassen wird. Inzwischen ist die Schule in heller Aufregung, und das RIAGG[3] hatte ein Gespräch mit der Klasse über den Vorfall. Drei Tage später erzählt Jenny ihrer Mutter unter Tränen, dass dieser Junge nichts getan hatte, sondern dass sie das ihrer Freundin nur erzählt hätte, weil diese bereits eine feste Beziehung hat. Als sich alle damit befassten, wagte sie nicht mehr, es zurückzunehmen. Warum hatte bis dahin niemand mit Jenny gesprochen?

---

[3] Öffentliche Einrichtung in den Niederlanden, die für die Behandlung psychosozialer und psychiatrischer Probleme zuständig ist.

Homosexualität

Homosexuelle Gefühle sind in der Pubertät bei Jungen und Mädchen weit verbreitet. Wie in diesem Kapitel bereits erwähnt, beruht das vor allem auf der noch nicht gefestigten sexuellen Identität. Allerlei zwischenmenschliche Situationen können sexuelle Gefühle hervorrufen. Zwanzig bis vierzig Prozent der Jugendlichen haben gelegentlich etwas Homosexuelles gemacht: küssen und streicheln, und ein kleiner Prozentsatz (vor allem Jungen) haben gemeinsam oder in der Gruppe masturbiert. Für viele Jugendliche ist das ziemlich verwirrend, und nicht selten fürchten sie, homosexuell zu werden. Fünfundzwanzig Prozent der Zwölfjährigen sagen, nicht sicher zu sein, ob sie homo- oder heterosexuell seien. Die (sub-)kulturelle Anerkennung der Homosexualität spielt dabei eine Rolle, aber für den Jugendlichen sind vor allem die Tatsache, keine Kontrolle zu haben, und die Verwirrung das Peinlichste.

Schätzungsweise zehn Prozent der Jugendlichen sind später homosexuell. Das »Coming out« erfolgt oft später in der Adoleszenz, aber viele homosexuelle Menschen fühlten sich bereits in der Pubertät und Kindheit so.

Zahlreiche Jugendliche werden auch mit Problemen im Zusammenhang mit der Geschlechtsidentität konfrontiert; das heißt, sie werden sich in der Pubertät zunehmend bewusst, nicht im richtigen Körper zu stecken. Jungen fühlen sich mehr als Mädchen in einem Jungenkörper, und Mädchen mehr als Jungen in einem Mädchenkörper. Sehr oft ist dieses Bewusstsein, sich im falschen Körper zu befinden, schon im Kleinkindalter vorhanden, aber durch die sexuelle Reifung wird diese Problematik wirklich drängend.

Intimität und die Rolle von Freundschaften

In der Pubertät sind Freundschaften starken Veränderungen unterworfen. In der Kindheit haben sie mehr die Eigenschaft, etwas gemeinsam zu machen: ein Spiel oder Sport, manchmal auch in der Fantasie. Das ändert sich allmählich in der Pubertät, indem man über- und miteinander spricht, wobei es wichtiger wird, Geheimnisse mitzuteilen, zu lästern und sich selbst zu erkennen zu geben. Man kann besser über Beziehungen nachdenken, und dadurch entstehen auch mehr Möglichkeiten in einer Beziehung (siehe das Kapitel über die kognitive Entwicklung).

Die Jugendlichen wissen viel mehr über- und voneinander als Kinder in jüngerem Alter. Sie kennen ihre Vorlieben, Gefühle, Wünsche und Ängste besser. Doch ist es auffallend, dass vor allem zu Beginn der Pubertät noch sehr wenig Intimität in den Beziehungen vorhanden ist. Die Jugendlichen reden zwar sehr viel miteinander, aber vor allem über alltägliche Dinge, die äußere Erscheinung (Mädchen), und über das, was sich ereignet und was sie vorhaben (Jungen). Im Lauf der Pubertät verändert sich das langsam in die Richtung, mehr über Beziehungen und deren Schicksale zu sprechen. Es wird immer mehr zu *Gute Zeiten, schlechte Zeiten.*

Die Jugendlichen brauchen Freundschaften für ihr Selbstwertgefühl, als Quelle der Information über Sexualität und als Übungsfeld für Beziehungen. Loyalität, Zugehörigkeitsgefühl und Angst vor Zurückweisung sind immer präsent. Das führt auch oft zur Angepassung an eine unausgesprochene Gruppennorm. Jugendliche fallen nicht gerne auf. Vor allem, wenn das Interesse am anderen Geschlecht eine Rolle zu spielen beginnt, nimmt die Unsicherheit in Beziehungen stark zu.

Zu Beginn der Pubertät ist die Gruppe der Jungen und Mädchen – bis auf wenige Ausnahmen – völlig getrennt. Sie stehen getrennt voneinander in verschiedenen Gruppen. Man schaut zwar zuweilen hinüber und flirtet manchmal, mehr aber auch nicht. Kontakt mit dem anderen Geschlecht gilt als Zeichen einer festen Beziehung. Es ist nicht schwer zu sehen, dass Jungen und Mädchen Abstand halten, um sich von den eigenen aufkommenden sexuellen Gefühlen zu distanzieren. Im Verlauf der Pubertät werden die Freundschaften gemischter, bleiben aber sicher in die Gruppe eingebettet. Viele sich anbahnende Beziehungen nehmen in der eigenen Altersgruppe ihren Anfang. Bis ins Erwachsenenalter bleiben die Interessenkonflikte Partner(in) versus Freundes- bzw. Freundinnengruppe bestehen.

Die Clique wird in der Pubertät zur wichtigsten Grundlage des Selbstwertgefühls. Das Gefühl der Zugehörigkeit war nie so wichtig wie jetzt. Viele Jugendliche können daher nur schwer eine Grenze ziehen, wie weit sie zum Beispiel mit Alkohol, weichen Drogen und/oder Rauchen gehen wollen, denn die Angst, nicht dazuzugehören, ist sehr groß. Wenn Jugendliche den Anschluss an die Altersgruppe verlieren, fühlen sie sich oft sehr einsam und unsicher.

Intimität in der Familie

Eltern sind es gewohnt, Zugang zur Welt ihrer Kinder zu haben. Sie dürfen mit in die Schule und die Klasse kommen. Freunde und Freundinnen kommen mit nach Hause. Viele Eltern halten das Kinderzimmer in Ordnung und haben großen Einfluss zum Beispiel auf Kleidung und Vergnügungen. Auch was den Körper und die Körperpflege betrifft, sind Kinder noch wenig abgegrenzt. Ohne sich zu genieren, gehen sie nackt durch die Wohnung und haben auch keine Schwierigkeiten damit, die Eltern nackt zu sehen. Es ist deutlich, dass die Grenzen diesbezüglich in einer Familie sehr unterschiedlich sein können, ohne dass genau anzugeben ist, was noch angemessen ist und was nicht.

Was die Intimität anbelangt, ist die Pubertät ein Wendepunkt in der Beziehung von Eltern zu ihren Kindern. Vor allem auf körperlichem Gebiet kommt eine deutliche Abgrenzung zustande, was die Eltern fraglos zu respektieren haben. Auch der Jugendliche distanziert sich seinerseits körperlich von den Eltern. Er schließt das Badezimmer ab, und die Eltern müssen von nun an am Kinderzimmer anklopfen oder werden sogar nicht mehr hineingelassen. Es ist nicht schwer zu sehen, dass der starke Wunsch des Jugendlichen nach Abgrenzung mit der Verselbständigung und der Loslösung von den Eltern zu tun hat und auch die Beziehung zwischen Eltern und Jugendlichen vor einer möglichen sexuellen Grenzüberschreitung beschützen soll.

In der Kindheit ist der körperliche Umgang von Eltern und Kindern relativ spontan: Die Kinder sitzen auf dem Schoß der Eltern, die Eltern streicheln und küssen sie, ohne dass sich der Verdacht auf eine sexuelle Nebenbedeutung aufdrängt. Auch für die Kinder bedeutet es eine wichtige Veränderung in der Beziehung zu den Eltern, wenn sie realisieren, dass vieles von der unverdächtigen körperlichen Intimität der Eltern mit den Kindern mit den Jugendlichen nicht mehr möglich ist. Für sie ist es nicht nur eine Bestätigung der Tatsache, dass Vater und Mutter sich anders lieben als ihre Kinder, sondern die neuen Grenzen bedeuten auch einen Verlust von Intimität und Nähe: der Preis, den der Jugendliche für seine Selbständigkeit bezahlt.

Trotzdem können sich Eltern bei sexuellen Gefühlen für ihre Kinder ertappen, und Jugendliche können – obwohl sie sich bei der Vorstellung ekeln, die Eltern hätten eine sexuelle Beziehung – in Träumen von sexuellen Gefühlen für einen ihrer Eltern geplagt werden.

Sexuelle Gefühle

Ein Vater erzählte, er habe zufällig seine sechzehnjährige Tochter unter der Dusche stehen sehen. Beschämt stellte er fest, dass er sie anziehend fand, und ihm wurde bewusst, dass sie ihrer Mutter ähnlich sah, als er sich gerade in sie verliebt hatte.

Eindeutig dürfen sexuelle Gefühle zwischen Eltern und Kindern nicht zu sexuellen Handlungen führen. In der Pubertät muss die Generationenschranke sehr strikt eingehalten werden.

Aufsehenerregende Sittenverstöße haben viele Eltern in den letzten Jahren bei der Abgrenzung der körperlichen Intimität in der Familie ängstlicher und unsicherer gemacht. Viele Eltern finden es ganz selbstverständlich, kleine Kinder mit ins Bad zu nehmen, aber die meisten Eltern meinen auch, dass die Mutter sich nicht mit ihrem pubertierenden Sohn im Badezimmer aufhalten darf, auch wenn er es will. Zwischen den beiden Extremen liegt eine große Grauzone, in der in jeder Familie die Grenzen wieder anders verlaufen. Die Festlegung dieser Grenzen kann man nicht aus Büchern lernen, denn sie ist eine Frage des Gefühls. Glücklicherweise haben die meisten Eltern eine eindeutige Sensibilität für das, was in der Familie möglich ist und was nicht, ohne dass sie sich darüber allzu viele Gedanken zu machen brauchen. Aus der klinischen Praxis weiß man, dass Eltern, die selbst aus einer Familie kommen, in der man nicht gewissenhaft oder eindeutig mit den Grenzen umgegangen ist, Probleme mit dem Gefühl haben, wo die Grenzen in ihrer eigenen Familie liegen müssen.

Sexuelle Aufklärung

Eltern sind aus mehreren Gründen für die sexuelle Aufklärung nicht recht geeignet. Oft unterschätzen sie, was die Kinder bereits wissen, und finden mit ihrer Aufklärung nicht den richtigen Anschluss. Aber wichtiger ist wahrscheinlich die Erfahrung der Jugendlichen wie der Eltern, dass die sexuelle Aufklärung eine verkrampfte Veranstaltung ist. Die Eltern merken, wie sie sich verspannen, wenn sie mit ihren Kindern über Sexualität reden, und die Jugendlichen wissen vor Verlegenheit nicht, wo sie hinschauen sollen. Die Sexualität zwischen Eltern und Kindern ist tabu, und wirklich darüber zu sprechen, ist demnach für beide ein zu intimes Thema. Hinzu kommt, dass die Vorstellung von Eltern, die Sex miteinander haben, für jeden Jugendlichen einen unerträglichen Gedanken darstellt. Diese für beide Seiten schambesetzte Situation ist für so gut wie niemanden von Erfolg gekrönt. Die sexuelle Aufklärung und Bildung wird meist von den Schulen übernommen, die oft über geeignetes Unterrichtsmaterial verfügen. Da sich in den letzten zehn Jahren aller Wahrscheinlichkeit nach das Sexualverhalten der Jugendlichen stark verändert hat, wird sich die Aufklärung dem anpassen müssen. Die Zahl der Kinder unter fünfzehn Jahren, die sexuell aktiv sind, ist stark angestiegen und der Trend geht sehr wahrscheinlich nach oben. Die Aufklärung wird sich also mehr als früher mit sicherem Sex, Homosexualität und Schwangerschaft beschäftigen müssen. Glücklicherweise finden sich viele relevante Informationen im Internet. Dort können sich die Jugendlichen viele wichtige und gute Auskünfte über alle Aspekte der Sexualität beschaffen. Eltern wissen heutzutage auch, dass die Jugendlichen im Internet leicht auch zahlreiche pornographische Seiten vorfinden. Manche Eltern haben damit große Schwierigkeiten und können das nicht akzeptieren, andere Eltern sind liberaler und machen sich Sorgen über mögliche Gefahren wie »Cybersex« und »digitalen sexuellen Missbrauch«. Zuverlässige Zahlen darüber sind nicht bekannt.

Kinder als Väter und Mütter

In den Niederlanden gibt es ungefähr 450 Kinder, die Väter, und 3.600, die Mütter sind. Der Unterschied ist logisch, wenn man bedenkt, dass Mädchen meistens mit älteren Jungen eine Beziehung haben. Fast alle Kindereltern sind älter als fünfzehn Jahre. Da die Niederlande auf dem Gebiet der Schwangerschaftsverhütung liberal sind und die Jugendlichen gut aufgeklärt, ist die Anzahl der Kindereltern in den Niederlanden, verglichen mit den Anrainerstaaten und den USA, relativ gering. Ungefähr 46 Prozent der Kindermütter sind nicht-westlicher ausländischer Herkunft gegenüber 44 Prozent einheimischer Mädchen. Die restlichen etwa zehn Prozent stammen aus dem westlichen Ausland.

Die Verhältnisse in Deutschland

Über Schwangerschaften und Geburten minderjähriger Frauen stammen die jüngsten Zahlen aus dem Jahr 2006. Erfasst ist die Altersgruppe der Zwölf- bis Siebzehnjährigen. Während bei den Zwölf- und Dreizehnjährigen nur ganz sporadisch Schwangerschaften vorkommen, steigt deren Anzahl bis zu den Siebzehnjährigen kontinuierlich an. Von 10.902 Schwangeren haben 4.312 das Kind ausgetragen. In 6.490 Fällen wurden Abbrüche durchgeführt. Nur sehr selten (weniger als einer von zehn Fällen) ist die Schwangerschaft gewollt. Meist ist sie auf mangelhafte oder situativ nicht durchgeführte Verhütung zurückzuführen.

Über minderjährige Väter ist kein statistisches Material zu finden.

Die kognitive Entwicklung der Jugendlichen

Die Veränderungen im Denken und Fühlen gehören zu den sichtbarsten und eindrücklichsten Entwicklungen im Grenzbereich zwischen Kindheit und Pubertät. Der Wortschatz des angehenden Jugendlichen macht rasche Fortschritte. Der Jugendliche kann immer besser über die Angelegenheiten in seiner nächsten Umgebung mitreden. Er kümmert sich auch um immer mehr Dinge. Wo kleinere Kinder sich nur etwas ausdenken können, indem sie es auch wirklich tun, ist ein Jugendlicher immer besser im Stande, eine Handlung in Gedanken auszuführen und ihre Konsequenzen zu erkennen. Allmählich entwickelt sich daraus das abstrakte Denken, das den Jugendlichen befähigt, »das Mögliche« und nicht nur »das Konkrete« zu denken. Der Aktionsradius des Denkens nimmt rasch zu. Das Denken beschränkt sich nicht mehr darauf, was in der Kinderwelt wichtig ist, sondern bezieht die körperliche Sexualität, die menschlichen Beziehungen, andere Familien, Politik, Umwelt und Gesellschaft mit ein. Eine wichtige Errungenschaft der Pubertät ist es, sich über das Denken Gedanken machen zu können (Metakognition). Auch das Gewissen erfährt eine wichtige Entwicklung. In Fantasie und Spiel sind ebenfalls wesentliche Veränderungen zu sehen. Wo die Fantasiewelt der Kinder noch von Märchenfiguren und Tieren bevölkert wird, sind es bei Jugendlichen zunehmend Figuren, die mehr Beziehung zur Realität haben, wie (zunächst einmal) Fernseh- und Popstars, Idole und Helden.

Das Fundament der kognitiven Entwicklung

Der Begriff »kognitiv« meint nicht nur intellektuelle Fertigkeiten, wie sprechen, rechnen und dergleichen, sondern auch komplexe soziale Situationen verstehen und mit emotionalen Angelegenheiten umgehen lernen. In diesem Sinne ist die kognitive Entwicklung Teil eines breiteren Entwicklungskonzeptes, des so genannten Mentalisierens. Sie steht also nicht isoliert da, sondern ist von Beginn an mit Emotionen, Beziehungen und Kommunikation verbunden. Das fundamentale Bewusstsein, dass Gedanken existieren, dass man denken kann und andere Menschen eine Gedankenwelt haben, entwickelt sich primär im Kontext der Eltern-Kind-Beziehung. Neuere Untersuchungen zeigen, dass dieser Prozess des Mentalisierens, der bald nach der Geburt beginnt, bleibende Konsequenzen für die spätere Entwicklung und psychische Störungen hat. In der frühen Entwicklung des Mentalisierens nimmt das Konzept der Regulation der Affekte (wie Angst, Wut, Ekel, Scham usw.) eine zentrale Stelle ein. Affektregulation meint die Fähigkeit, Emotionen zu erkennen und zu bewerten, sowie das Verändern der Affektintensität, um das Gleichgewicht zu erhalten oder wiederherzustellen. Genau solch einen gelassenen, aufmerksamen, positiv affektiven Zustand braucht ein Kind, um zu lernen und sich zu entwickeln. In der allerfrühesten Eltern-Baby-Beziehung ist die Affektregulation ein Prozess der Kommunikation zwischen Umgebung (die Mutter und auch der Vater) und Biologie (das Baby) in den Dimensionen von Lust und Unlust. Die Qualität dieser frühen Erfahrungen kann jedoch nachhaltige Folgen für spätere Regulierungsprozesse nach sich ziehen, wie beispielsweise die Regulation von Stress und Angstgefühlen. Untersuchungen haben ergeben, dass affektive Regulationsmuster bei vier Monate alten Babys, je nachdem, wie sie getröstet, zum Schlafen gelegt oder gefüttert werden, auf die Qualität der Eltern-Kind-Beziehung mit einem Jahr schließen lassen. Regulationsprozesse zwischen Eltern und Baby werden dann auch als Vorläufer der seelischen Bindung betrachtet.

Die Affektregulation ist keine individuell erworbene Fähigkeit des sich entwickelnden Kindes, sondern sie entsteht im Kontext einer Beziehung. Jeder Partner in der Beziehung wird durch sein eigenes Verhalten (Selbstregulation) und das Verhalten des Anderen (reziproke Regulation) beeinflusst. Es handelt sich um ein beiderseitiges Feedback zwischen Elternteil und Kind in einem wechselseitigen Regulationssystem.

Den Prozess der wechselseitigen Regulation von Affekten kann man schon im Babyalter wahrnehmen. Einerseits reguliert der Elternteil die Aufmerksamkeit des Babys und von sich selbst durch Mimik, stimmlichen Ausdruck und Körpersprache. Andererseits reguliert das Baby sein eigenes Erregungsniveau und das des Elternteils, indem es dessen Blick sucht und es zu einem neueren und höheren Stimulationsniveau einlädt. Oder gerade dadurch, dass es dem Blick des Elternteils ausweicht und sich seinen eigenen Händen und Füßen zuwendet, um eine zu starke Stimulation von sich fernzuhalten.

Schließlich werden diese sich täglich wiederholenden Regulationsmuster verinnerlicht und führen zu inneren Arbeitsmodellen oder mentalen Repräsentanzen. Dadurch kann das kleine Kind seine eigenen emotionalen Reaktionen auch als Signal für Sicherheit oder Unsicherheit nutzen.

Die Qualität der frühen Beziehungen, die für die affektive Selbstregulation des Kindes wichtig ist, hat dadurch einen großen Einfluss auf die spätere Fähigkeit, unlustvolle Gefühle, wie Angst und Stress, zu regulieren, sowie auf die Fähigkeit, mentale Zustände von anderen und sich selbst (zum Beispiel Gedanken, Gefühle und Wünsche) bei sich und anderen wiederzuerkennen und zu verstehen. Damit bilden frühe Beziehungen des Kindes zu seinen Eltern und die Entwicklung der Selbstregulation eine wichtige Grundlage für die seelische Entwicklung.

Zwischen der kognitiven Entwicklung in der Pubertät und der Entwicklung des Mentalisierens, deren Grundlage in der frühen Kindheit gelegt wird, besteht also eine direkte Verbindung. Es wird deutlich werden, dass es dann nicht in erster Linie darum geht, intelligent zu sein oder gut rechnen zu können, sondern »mentalisieren« weist vor allem auf die Möglichkeiten des Kindes hin, über sich, andere und Beziehungen nachdenken zu können und zu verstehen, was sich in Beziehungen zwischen Menschen abspielt. Je besser die Fähigkeit zu mentalisieren, desto besser sind die Möglichkeiten, sich den Entwicklungsanforderungen stellen zu können.

Verschiedene Intelligenzen: EQ, RQ, SQ
In der Populärliteratur erscheinen Bücher über Teilaspekte des Mentalisierens. Neben allerlei Schriften über das Intelligenz- und Gedächtnistraining finden in den letzten Jahren Konzepte, wie »emotionale Intelligenz« (EQ) und »Beziehungsintelligenz« (RQ) und sogar »sexuelle Intelligenz« (SQ), Beachtung.

Kognitive Entwicklung und Beziehungen

Die Entwicklung des Denkens wird dadurch stark stimuliert, dass der Jugendliche viele neue Informationen verarbeiten muss. Sowohl in der Schule als auch zu Hause und zum Beispiel durch Fernsehen und Internet bekommt er eine Menge neuer Anregungen. Die Jugendlichen sind begierig, etwas Neues zu entdecken. Sie sind auf der Suche nach der Realität und wollen wissen, wie die Dinge funktionieren. In der Schule werden höhere kognitive Anforderungen gestellt, wodurch sich die Jugendlichen herausgefordert fühlen.

Aus neueren Untersuchungen ergibt sich immer deutlicher, dass die kognitive Entwicklung ein sozialer Vorgang ist. Jugendliche brauchen andere Menschen, um das Denken entwickeln zu können. Die kognitive Entwicklung wird durch die Beziehungen und Interaktionen des Jugendlichen mit seiner Umgebung beeinflusst. Dabei geht es nicht nur darum, dass er ausreichende Herausforderungen und »Denkfutter« hat, sondern gerade auch, dass er emotionale Beziehungen braucht, in denen er sich so wohlfühlen kann, dass er unbeschwert über spannende und neue Dinge nachdenken kann. Auch regt es den Jugendlichen an, Zeuge zu sein, wie Erwachsene über die Gesellschaft, Beziehungen und Gefühle miteinander sprechen und denken. Für die Jugendlichen ist es sehr lehrreich zu merken, dass es erwachsene Methoden gibt, sich über beängstigende und bedrängende Situationen Gedanken zu machen. In Familien mit Tabus, d. h. Familien, in denen sich jeder an die stillschweigende Abmachung hält, über gewisse Dinge nicht zu reden (z. B. den Selbstmord des Großvaters oder die Abtreibung der Mutter), kann das die kognitive Entwicklung von Kindern hemmen, weil nicht nur ein Sprechverbot, sondern auch ein Denkverbot vorliegt.

Unterschiede zwischen Jungen und Mädchen?

Darüber waren die Meinungen schon immer geteilt. Viele Experten gingen lange davon aus, dass es in der Pubertät wesentliche Unterschiede in den kognitiven Fähigkeiten von Jungen und Mädchen gibt. Mädchen sollen den Jungen verbal überlegen sein, diese umgekehrt im abstrakten und räumlichen Denken. In älteren Untersuchungen lassen sich diese Unterschiede auch deutlich finden. Neuere Untersuchungen zeigen jedoch, dass – vermutlich eine Folge von Ausbildung und Erziehung – die Unterschiede in den letzten Jahrzehnten immer kleiner wurden.

Die Menschen sind mehr als ihr Verhalten

Die kognitive Entwicklung zeichnet sich durch eine enorme Gier nach neuen Informationen und einen starken Wunsch, wissen zu wollen, aus: Wie funktioniert das? Der Jugendliche beginnt, seiner eigenen Wahrnehmung mehr zu vertrauen, und glaubt nicht mehr ohne weiteres, was die Erwachsenen sagen. Dabei handelt es sich nicht nur um materielle Dinge und unverhohlenes Interesse an körperlichen Phänomenen, sondern ganz deutlich um zwischenmenschliche Beziehungen.

In den Augen des Kleinkindes beruhen die Beziehungen der Menschen auf sichtbarem und fühlbarem Verhalten, sie verstehen zwar durchaus, dass Verhalten zu Gefühlen und Gedanken führen kann, aber in ihren Augen sind die Menschen vor allem das, was sie tun.

Verhalten und Gefühl

Im Jahreskurs sieben der Grundschule[4] wurde ein Junge ertappt, als er den Walkman eines Klassenkameraden, mit dem er oft spielte, stahl. Das führte in der Klasse zu Aufregung. Die Kinder waren böse, und eine Zeit lang war die Beziehung zu diesem Jungen gestört. Keiner wollte mit ihm spielen, und er geriet zunehmend in die Isolation. Die Kinder redeten nicht über dieses Ereignis. Erst als die Eltern des Jungen sich darum kümmerten, wurden die Kinder von der Lehrerin motiviert, ihn wieder in ihr Spiel mit einzubeziehen. Sie taten es, und bald war die Beziehung wieder normal.

In der Pubertät machen Kinder sich bewusst, dass Beziehungen auch auf Gedanken und Gefühlen beruhen, die das Verhalten beeinflussen können. Zunehmend wird ihnen bewusst, dass Verhalten für verschiedene Personen eine unterschiedliche Bedeutung haben kann.

In der dritten Klasse der Realschule wird ein Schüler erwischt, wie er einem Mitschüler Geld stiehlt. Die Schulleitung beschließt den sofortigen Schulverweis. Die Klassenkameraden reagieren heftig darauf. Ein Teil findet, dass Stehlen untereinander ein so großer Bruch des gegenseitigen Vertrauens ist, dass der Schüler nicht mehr in der Klasse zu halten ist. Ein anderer Teil der Klasse bringt vor, man solle nicht so schnell urteilen. Warum hat er das getan? Gab es Streit zu Hause? Vielleicht hat er unsere Hilfe nötig? Wofür braucht er das Geld? Wieder andere Schüler finden, dass er eine Chance erhalten sollte, sich zu bessern.

Die kognitive Entwicklung macht die Jugendlichen im Verlauf ihrer Entwicklung neugieriger auf die Innenwelt der Menschen. Was motiviert Menschen? Was bewegt sie? Warum verhalten sie sich gerade so? Zu einem späteren Zeitpunkt in der Pubertät entwickelt sich die Möglichkeit, über sich selbst in Kategorien von Motiven nachzudenken.

---

[4] Das entspricht einem Alter von 10 oder 11 Jahren.

Aber es ist auch schwierig für die Jugendlichen, über ihre Innenwelt zu kommunizieren, weil die kognitive Entwicklung, die das Beobachten und Benennen der eigenen Gefühle ermöglicht, eben erst in Gang gekommen ist. Die Jugendlichen leiden durchaus darunter, dass sie ihre Erfahrungen und Erlebniswelt nur zum Teil verbalisieren können. Das macht sie ungeduldig, und sie fühlen sich sehr oft unverstanden, ohne direkt zu merken, dass sie selbst anderen ihre Innenwelt nur schlecht vermitteln können. Sie sprechen lieber darüber, was man tun kann oder was sich ereignet hat. Die Gefühlswelt ist noch eine neu zu entdeckende Innenwelt, einerseits faszinierend, aber auch noch völlig nach innen gekehrt und manchmal beängstigend. Die Jugendlichen sind oft sehr allein mit ihren Gefühlen, gerade weil sie noch so schlecht darüber reden können. Außerdem ist vieles von dem, was sie fühlen, neu und heftig, manchmal überwältigend, und sie können wenig damit anfangen.

Empathie und Reflexion

Obwohl viele Eltern – wenn die Pubertät beginnt – es manchmal nicht für möglich halten, entwickeln die Jugendlichen jetzt eine sehr wichtige menschliche Fähigkeit weiter aus, die die Basis jeder intimen wechselseitigen Beziehung bildet: Empathie. Sie ermöglicht ihnen, sich in die Gefühlswelt anderer zu versetzen. Erst wenn der Jugendliche über Gefühle und Gedanken als Motiv für menschliches Verhalten reflektieren kann, kommt er allmählich in die Lage, sich auch ein Bild von der Gefühlswelt anderer zu machen. Wo es für Kinder noch ganz logisch ist, Menschen nach ihrem Verhalten zu beurteilen, oft auch noch in einfachen Kategorien von »gut« und »böse«, realisiert der Jugendlichen immer mehr, dass Verhalten auch auf der Grundlage von Absicht, Bedürfnis und Gefühl beurteilt werden kann.

Der nächste Schritt ist die Reflexion, d. h. über sich selbst in der Beziehung zu einem Anderen nachzudenken. Für viele Jugendliche ist das viel komplizierter (und übrigens auch noch für viele Erwachsene). In dieser Möglichkeit steckt auch, dass Jugendliche überlegen können, dass ihr eigenes Verhalten das anderer beeinflusst, aber auch, dass andere über sie anders denken und empfinden können als sie selbst.

Über sich selbst nachdenken

Die Eltern von Jana haben sich vor zehn Jahren scheiden lassen. Seit Kurzem hat die Mutter einen Freund. Jana kommt mit ihm nicht aus, und es gibt oft Streit. Sie ist frech zu ihm und wirft ihrer Mutter vor, sie zu vernachlässigen. Die Leistungen in der Schule lassen nach. Die Mutter tut ihr Bestes, um mit ihr zu reden, aber Jana weist alle ihre Bemühungen zurück. Eines Abends bricht die Mutter in Tränen aus. Aber Jana läuft erbost weg und sucht Unterschlupf bei ihrem Vater. Im Gespräch mit ihm über die Streitereien kann sie erkennen, dass sie selbst zu der unangenehmen Atmosphäre bei ihrer Mutter beiträgt, indem sie auf alle Versuche der Mutter und deren Freund, zu einem guten Einvernehmen zu gelangen, negativ reagiert.

Weiter oben in diesem Kapitel ging es um das Mentalisieren. Reflexion ist ein Teil davon. Untersuchungen haben inzwischen deutlich gemacht, dass die Qualität der frühen Eltern-Kind-Beziehung einen großen Einfluss auf die Affektregulierung als Grundlage dieser Prozesse hat. In gewissem Sinn lassen die allerfrühesten Beziehungen Rückschlüsse auf die spätere Persönlichkeitsentwicklung zu, und wissenschaftlich lässt sich die These vertreten, dass Stabilität in den ersten drei Lebensjahren für eine harmonische Entwicklung der Persönlichkeit bestimmend ist.

Freud

Für Sigmund Freud und spätere Psychoanalytiker stand außer Frage, dass frühe Beziehungen von Bedeutung für die spätere Persönlichkeitsentwicklung sind. Diesen Zusammenhang hat Freud auf der Grundlage seiner klinischen Befunde formuliert. Um diese Beobachtungen zu verstehen, entwarf Freud einige Theorien, von denen sich manche nicht halten konnten (zum Beispiel Teile seiner Theorie über das Gedächtnis), während andere nichts von ihrer Aktualität eingebüßt haben (zum Beispiel über Trauma und Verdrängung).

Das Gewissen

Die kognitive Entwicklung hat einen großen Einfluss auf die Gewissensbildung und die Beurteilung von gut und böse. In der Kindheit beruht das Gewissen gewöhnlich auf konkreten Regeln über das, was sein darf und sein muss. Dies ist relativ einfach und mehr oder weniger der verlängerte Arm der Eltern: eine teils bewusste, aber größtenteils unbewusste Verinnerlichung der elterlichen Normen von gut und böse. In der Pubertät entsteht durch die kognitive Entwicklung ein seelischer Raum, sich selbst zu überprüfen und die eigenen Normen und Werte zu erforschen. Die Neubewertung bezieht sich vor allem auf die mehr oberflächlichen Aspekte von Normen und Werten (ist aber deshalb nicht weniger provozierend für die Eltern). So entdeckt ein Mädchen von zwölf Jahren, dass es ganz normal ist, wenn man die Klavierstunde nicht ausstehen kann; doch viele Normen in der Familie sind nicht so leicht zu erkennen.

Zu hohe Anforderungen

Marc ist ein zwölfjähriger, sehr depressiver, körperbehinderter Jugendlicher, der regelmäßig damit droht, sich das Leben zu nehmen. Ein wichtiger Faktor seiner Depression sind die Schulnoten. Er ist nicht zufrieden, wenn die Note schlechter als Eins minus ist. Obwohl seine Eltern ihm immer wieder versichern, dass eine Drei für seine Verhältnisse auch genügt, und obwohl er auch selbst bedenken könnte, dass er extrem hohe Anforderungen an sich stellt, hat das keinen Einfluss auf sein Gefühl zu versagen. Ein erster wichtiger Fortschritt in der Behandlung ist zu verbuchen, als Marc ängstlich vermutet, seine Eltern würden sich weniger um ihn sorgen, weil er körperbehindert ist: Er fürchtet, dass sie ihn weniger schätzen, weil er eine Behinderung hat. Zu einem späteren Zeitpunkt in der Behandlung beginnt er zu spüren, dass seine Angst zu versagen vor allem auf seiner Behinderung und Befürchtung beruht, nicht dazuzugehören. Da erst lässt der Leistungszwang etwas nach.

Die »Hausordnung« wird relativiert und Gegenstand von Verhandlungen. Die heftigen Diskussionen der Jugendlichen über so ziemlich jedes Thema spielen eine wichtige Rolle auf dieser Forschungsreise in die eigene Moral. Es ist wichtig zu überlegen, dass viele der negativen Kommentare über normale tägliche Dinge in der Familie oft nicht mehr bedeuten, als dass der Jugendliche zum Ausdruck bringen will, es sei wichtig, eine eigene Meinung zu haben.

Die unbewussten Aspekte des Gewissens sind in diesem Prozess viel weniger zugänglich und bleiben unverändert. Nicht selten entdecken Menschen erst, wenn sie Vater oder Mutter geworden sind, dass sehr viele der Normen ihrer Eltern den Loslösungsprozess der Adoleszenz überlebt haben.

Eine Folge der kognitiven Entwicklung ist, dass Jugendliche oft sehr offen über ihre Familie reden. Sie suchen Ehrlichkeit und sind selbst ehrlich mit dem, was sich zu Hause ereignet. Sie sind im Stande, den Finger auf den wunden Punkt zu legen, um die eigene Familie mit anderen zu vergleichen. Sie werden sich zunehmend bewusst, was zu Hause nicht stimmt: Pathologie der Eltern, verrückte Regeln und merkwürdige Gewohnheiten.

Verrückte Familie

Jan stammt aus einer Familie, in der Vater und Mutter, wenn sie einen Streit nicht beilegen können, regelmäßig tagelang nicht miteinander sprechen. »Jan, würdest du eben Papa die Marmelade reichen?« Das war immer ein selbstverständlicher Sachverhalt. So war es, und so ist es gewöhnlich. Natürlich hat Jan in anderen Familien erlebt, dass es oft anders zwischen den Eltern läuft. In der Pubertät bekommen die Unterschiede jedoch eine emotionalere Bedeutung. Jan beginnt zu verstehen, dass seine Eltern sich eigentlich merkwürdig verhalten und dass Totschweigen kein normales Verhalten ist. Er schämt sich mehr für seine eigenen Eltern und zeigt auch mehr Aggression und Protest gegen ihr verrücktes Benehmen.

Jugendliche und der Computer

Die Benutzung des Computers durch Jugendliche nimmt in den Augen vieler Eltern manchmal solch besorgniserregende Ausmaße an, dass der Begriff »Computerabhängigkeit« zutreffend erscheint. Obwohl die Sorge in erster Linie Jungen betrifft, wurde in letzter Zeit deutlich, dass die Mädchen den Jungen nur wenig nachstehen. Die Jugendlichen benutzen den Computer für viele Zwecke, an erster Stelle gegen die Langeweile. Sie ist ein typisches Gefühl in der Pubertät, und der Computer hilft sehr gut, die Zeit totzuschlagen. Aber er hat den Jugendlichen noch mehr zu bieten, als nur die Langeweile zu vertreiben.

Jugendliche sind neugierig und wollen alles wissen. Wie moderne Strandräuber durchforsten sie das Internet, um etwas zu finden, was ihnen zusagt, und dazu gehören natürlich auch pornografische Seiten. Die Jugendlichen sind an erregenden Dingen sehr interessiert und wollen alles über das »Wie« und »Was« der Sexualität wissen. Im Internet werden sie darüber ohne Scham aufgeklärt. Das Internet ist die Erwachsenenwelt, und der Jugendliche kann, ohne gesehen zu werden, darin herumschnüffeln. Der PC ist das virtuelle Elternschlafzimmer, in dem er die Geheimnisse der Erwachsenen entdecken kann.

Die Jugendlichen interessieren sich immer mehr für Beziehungen, und das Internet und vor allem MSN[5] bieten ihnen (in der Regel) sichere Möglichkeiten, um mit Beziehungen und Sexualität zu experimentieren, ohne dass sie sich zu schämen brauchen oder sich wirklich bloßstellen. Sie nehmen eine fiktive Identität und ein fiktives Alter an und tauschen über die Chatbox ihre Fragen, Zweifel und Fantasien aus.

Die Benutzung von Computer und Internet scheint unbestreitbar einen positiven Effekt auf die kognitive und soziale Entwicklung zu haben. Es handelt sich um die soziale Anwendung der digitalen Welt. Sie ist auf die Außenwelt gerichtet und findet in einem Beziehungskontext statt. Obwohl natürlich die Besorgnis der Eltern verständlich ist, wenn das soziale Leben des Jugendlichen völlig durch diese virtuelle Welt ersetzt wird, kann man dennoch behaupten, dass es wenig Beunruhigendes über den Gebrauch des Computers zu vermelden gibt. Das ändert sich natürlich, wenn die digitale Welt benutzt wird, um zu mobben, zu bedrohen (Hassmails) oder um die Jugendlichen zu einem sexuellen Verhalten zu überreden, für das sie noch nicht reif sind. Obwohl es viele Gerüchte über diese Grenzüberschreitungen im Internet gibt, liegen keine Untersuchungen darüber vor, wie groß dieses Problem möglicherweise sein könnte.

Ganz anders benutzen die »Netzstreuner«, die stunden- oder sogar tagelang ununterbrochen im Internet surfen, den Computer. Die soziale Anwendung des Computers steht dabei im Hintergrund. Es ist nicht nur die Langeweile, sondern oft auch die Einsamkeit, die sie auf der digitalen Autobahn auf einen trostreichen und freundlichen Kontakt hoffen lässt. Die pornografischen Seiten werden weniger aus Neugierde besucht, sondern dienen manchmal als Ersatz für echte Beziehungen. Es gehört einfach zur Pubertät, Zeiten zu erleben, in denen dieses miserable Gefühl eine Weile ertragen werden muss. Manche Jugendliche werden jedoch richtiggehende »Cyberjunkies«. Sie verschanzen sich hinter dem Computer gegen die Außenwelt. Sie leben sozusagen *im* Computer, vernachlässigen sich selbst, die Beziehungen, Schule und Familie und wenden sich defensiv von der Realität ab. Der »Solocomputer« ist dann zum Rauschmittel geworden, das einen negativen Einfluss auf die Entwicklung nimmt. Erst in diesem Fall müssen Eltern sich Sorgen machen und ein Gespräch mit dem Jugendlichen, aber

---

[5] MSN = Microsoft Network, eine Software zum Chatten und vielerlei Datenaustausch im Internet.

auch mit der Schule führen. Dieser Missbrauch hängt in einigen Fällen mit einer seelischen Störung – wie z. B. manche Entwicklungsstörungen – zusammen, in denen der Computer zum Ausweichen vor viel bedrohlicheren Beziehungen in der Realität benutzt wird.

Kleines Fazit über die psychische Entwicklung

Bei psychischer Entwicklung denkt man vor allem an die sich entwickelnden kognitiven und emotionalen Fähigkeiten. Die Kinder können und lernen etwas, was sie vorher nicht konnten. In Lauf der Jahre kommen eine Menge Fertigkeiten hinzu. Die Kinder verstehen und können immer mehr. Für die Jugendlichen (und ihre Eltern) ist es eine Quelle des Stolzes, dass sie zu immer mehr fähig sind, in der Schule gute Noten schreiben, Romane lesen, Gedichte schreiben, musizieren und sportliche Leistungen erbringen können und so weiter. Die Aussicht, erwachsen zu sein, ist hierfür ein wichtiger Anreiz. Ein Aspekt der psychischen Entwicklung wird leicht übersehen: Jeder Schritt nach vorne in der Entwicklung bedeutet auch, dass das Kind etwas in der Kinderwelt zurücklässt: den Glauben an Zauberei, die Märchenwelt, den steten Sieg des Guten und allwissende Eltern. Aber auch die Haltung der Kinder, ihren Willen zu bekommen und geschont zu werden, bekommt einen infantilen Beigeschmack. Die kognitive Entwicklung ist also nicht nur eine Quelle von Stolz und Kompetenz, sondern zieht auch einen Wandel des Selbstgefühls des Jugendlichen nach sich. Davon handelt das nächste Kapitel.

Die Entwicklung des Selbstgefühls in der Pubertät

Die meisten Erwachsenen erinnern sich, wenn sie über ihre Pubertät nachdenken, vor allem an Gefühle von Einsamkeit und Unsicherheit. Jugendliche zweifeln an allem, was sie betrifft. Im Mittelpunkt steht die eigene Attraktivität für andere. Und Jugendliche sind sich ihrer sexuellen Gefühle unsicher, und auch darüber, wer sie sind und wer sie einmal sein werden. Es liegt auf der Hand, dass Selbstwertgefühl und Minderwertigkeitsgefühle für die Jugendlichen eines ihrer wichtigsten Themen ist. Das Selbstgefühl – auch Narzissmus genannt – entwickelt sich von frühester Jugend an, und die Krise in der Pubertät kann nur vor diesem Hintergrund verstanden werden.

Bei Narzissmus denken viele Menschen an Prahlerei und an eine Verliebtheit in das eigene Spiegelbild, wie in dem berühmten griechischen Mythos, aber in diesem Kontext ist unter Narzissmus etwas anderes gemeint. Hier handelt es sich um etwas, was alle Menschen – mit mehr oder weniger Erfolg – tun: das Selbstwertgefühl aufrecht erhalten. Von diesem Standpunkt aus ist Narzissmus also eine gesunde Aktivität mit dem Ziel, Missgeschicke aufzufangen, Kränkungen ungeschehen zu machen und Enttäuschungen wegzustecken, ohne dass es zu sehr auf Kosten anderer oder der Realität geht. Kinder entwickeln im Lauf ihres Lebens ein Repertoire, um dieses Selbstwertgefühl aufrecht zu erhalten. Da Scham und Verlegenheit der wichtigste Gradmesser für das Selbstwertgefühl sind, kommen auch diese Gefühle und ihre Vermeidung zur Sprache.

Der Hintergrund für einen gesunden Narzissmus

Die Entwicklung eines gesunden Selbstgefühls beginnt schon frühzeitig in der Beziehung zwischen Mutter und Baby. Das Maß, in dem sie einen sorglosen gegenseitigen Kontakt miteinander aufbauen können, legt ein stabiles Fundament für das spätere Gefühl von Selbstvertrauen. Entscheidend in dieser frühen Beziehung ist die zuverlässige Anwesenheit und emotionale Verfügbarkeit der Eltern.

Im Kapitel über die kognitive Entwicklung wurde die Bedeutung der frühen Beziehungen für die Entwicklung ausführlicher abgehandelt. Affektregulierung und Mentalisieren sind die Kernbegriffe der frühen Entwicklung. Eine adäquate Affektregulierung trägt nicht nur zu einer sicheren Bindung bei, sondern sie spielt zusammen mit Mentalisierungsprozessen eine Schlüsselrolle in der Entwicklung eines gesunden Narzissmus.

Das Erste und Lebensnotwendigste, was ein Baby und Kleinkind als Grundlage eines gesunden Selbstgefühls braucht, sind Eltern, die die Wünsche und Bedürfnisse des Kindes beantworten und dem Kind mit Liebe Mut machen, sich zu entwickeln. Das Kind will sich in den Augen der Mutter/des Vaters gespiegelt wissen. Ein Baby, das diese Erfahrung genügend kennt, fühlt sich dann wahrgenommen und erwünscht. Die tägliche Erfahrung legt die Basis für ein Grundgefühl des Vertrauens in den Anderen: das selbstverständliche Bewusstsein, dass man von den Menschen etwas Gutes erwarten kann. Die Kinder spüren, dass sie geliebt werden, ohne dafür etwas zu tun oder auch nur daran denken zu müssen. Sie dürfen da sein. Eine zweite wichtige Gruppe von Erfahrungen, die Kinder zur Entwicklung eines gesunden Selbstgefühls brauchen, ist, ihre Eltern bewundern und zu ihnen aufblicken zu können. Kinder denken gewöhnlich, dass die Erwachsenen – vor allem die Eltern – nie an sich zweifeln, nie unsicher sind, keine Geldprobleme haben und sich nie plagen müssen. Durch diese Idealisierung der Eltern brauchen sich Kinder nicht um ihre eigene Sicherheit zu kümmern, wodurch sie Raum für die Entwicklung haben. Es ist also nur gut, dass sie nicht wissen, wie unsicher viele Eltern mit sich oder der Erziehung sind. Die Bewunderung der Kinder für ihre Eltern sorgt auch für die Motivation, später einmal groß werden zu wollen, Ideale zu entwickeln und stolz auf die erreichten Fortschritte zu sein.

Eine dritte, für die Entwicklung eines gesunden Narzissmus sehr wichtige Gruppe von Erfahrungen handelt davon, sich in anderen zu erkennen, einem Gefühl der Verwandtschaft und Verbundenheit. Die Beziehung zwischen Brüdern und Schwestern oder einem/einer Busenfreund/in kann dafür ein gutes Beispiel abgeben, aber auch die Beziehungen zu Gleichaltrigen in Schule und Vereinen bilden eine wichtige Lehrstätte für gesundes Selbstvertrauen in Freundschaft, Zusammenwirken und Loyalität. Kinder, die mit dieser Erfahrung aufwachsen, sind sich ganz selbstverständlich bewusst, dass andere Menschen ihnen nicht nur ähnlich sind und dieselben Gefühle kennen, sondern sie können auch akzeptieren, dass Menschen in ihrer Erlebniswelt ganz anders sein können, aber dennoch eine gute Beziehung möglich ist.

Die Erfahrung mit der »Triangulierung« ist die letzte Komponente beim Aufbau eines gesunden Selbstgefühls. Vom zweiten Lebensjahr an realisiert das Kind immer mehr, dass es nicht der selbstverständliche Mittelpunkt aller Beziehungen in der Familie ist, sondern dass Beziehungen immer mit einem anderen geteilt werden. Ursprünglich denken die Kinder, dass alle Menschen sich auf dieselbe Art lieben. Im Kleinkindalter wird das Kind sich bewusst, dass nicht alle Beziehungen in der Familie über einen Leisten geschlagen werden können. Vater und Mutter haben eine ganz andere Beziehung zueinander als zu den Kindern. Das Kind wird durch dieses wachsende Bewusstsein mit vielen neuen Gefühlen konfrontiert, die – neben einer Bereicherung – eine Belastung für das Selbstgefühl darstellen können. Das Kind lernt, mit Rivalität, Gefühlen des Ausgeschlossen-Werdens, dem Generationenunterschied, der Realität von Siegen und Verlieren, Gefühlen von Niederlagen, Triumph, Wiedergutsein nach einem Streit, Eifersucht und Schuldgefühlen umzugehen. Je besser die Kinder damit umzugehen lernen, desto flexibler ertragen sie eine enttäuschende und oft kränkende Realität.

Diese vier Erfahrungsbereiche – Spiegeln, Bewundern, Wiedererkennen und Triangulierung – tragen jeden Tag – in Verbindung mit der Realität – zu einem stabilen und gesunden Selbstwertgefühl bei. Einem selbstverständlichen Gefühl, dass man sie lieben kann und dass sie einen Anderen lieben können.

Das Kind – und später der Jugendliche – verfügt damit über eine Ausstattung mit einem handlichen und vielfältigen Werkszeug, um Beulen im Narzissmus, Enttäuschungen und narzisstische Kränkungen zu reparieren. Es lernt zum Beispiel, sich selbst Trost zu spenden statt zusammenzubrechen, oder es weiß innere Kräfte zu mobilisieren: ein bisschen länger durchzuhalten statt gleich aufzugeben. Es hat einen soliden narzisstischen Boden unter den Füßen.

Die Rolle der Eltern

In der Kindheit hängt der Narzissmus also zum großen Teil von den Eltern ab. Vor allem bei neuen Herausforderungen oder Entwicklungsaufgaben sowie bei enttäuschenden Konfrontationen brauchen die Kinder die Hilfe und

Unterstützung der Eltern, um ihr Selbstwertgefühl aufrecht zu erhalten. Die Sicherheit der elterlichen Unterstützung gibt dem Kind das Gefühl, wenn nötig immer auf die Eltern zurückgreifen zu können. Deren Unterstützung und positive Wertschätzung sorgt für eine sichere Grundlage, von der aus die Kinder die Welt erkunden können.

Es ist nicht schwer sich vorzustellen, dass zum Beispiel Eltern, die ihrerseits mit ihrem Selbstwertgefühl zu kämpfen haben oder sich sehr unsicher fühlen, der Entwicklung eines gesunden Selbstwertgefühls ihrer Kinder im Wege stehen können. Viele unsichere Eltern versuchen, in der Beziehung zu ihren Kindern wiedergutzumachen, was in ihrer eigenen Jugend misslungen ist.

Vater kann nicht verlieren

Jan ist sechs Jahre alt und findet es immer noch toll, sich mit dem Vater zu balgen, dieser merkt aber, dass sein Sohn in letzter Zeit schnell aufgibt. Auch andere Spiele, wie Dame, will Jan immer seltener mit seinem Vater spielen. Der Grund ist nicht schwer zu erkennen: Der Vater erträgt keine Niederlage. Jedes Spiel, jede Balgerei muss er gewinnen. Jans Selbstvertrauen bekäme einen Kick, wenn er ihn ab und zu gewinnen ließe. Nicht immer, denn dann wäre der Vater weniger der Held, der er ebenfalls sein soll. Der Vater verteidigt sein Verhalten mit der Begründung, die Welt sei auch hart. Er will den Sohn darauf vorbereiten, indem er ihn einstweilen liebevoll stählt, so dass er, wenn er groß ist, aus hartem Holz geschnitzt ist. In einem späteren Gespräch erzählt der Vater, dass er – obwohl erfolgreicher Geschäftsmann – in den Augen des eigenen Vaters eine Enttäuschung geblieben ist, weil er keinen akademischen Grad erworben hat. Er hat – zu seinem Bedauern – nie spüren können, dass sein Vater einmal stolz auf ihn war.

Allgemeiner kann man sagen, dass die unverarbeitete Problematik (eines) der Eltern, insbesondere wenn sie sich dessen nicht bewusst sind, die Familienatmosphäre und die Qualität der Elternschaft beeinträchtigt. Dadurch sind sie unzureichend fähig, ein guter Vater oder eine gute Mutter zu sein, die den Kindern geben können, was diese brauchen.

Einschneidende Ereignisse

Andere Faktoren, die die Entwicklung des Narzissmus beeinflussen, sind einschneidende Ereignisse aus Vergangenheit und Gegenwart, die das

Selbstwertgefühl der Kinder beeinträchtigen. Eine Mutter, die sich nach der Geburt mit einer Depression herumschlägt, wird es schwieriger finden, eine emotionale Beziehung zu ihrem Baby aufzubauen. Wahrscheinlich wird sie (eventuell mit Hilfe anderer) angemessen für das Baby sorgen können, aber ihr Herz ist nicht bei der Sache. Für diese Mutter wird es schwierig sein, ihr Baby spüren zu lassen, dass es willkommen ist und geliebt wird.

Aber auch einschneidende Ereignisse im Leben des Kindes, wie eine Krankheit, die es schwächt, oder ein sichtbares Gebrechen oder eine Behinderung, können einen großen Einbruch in das Selbstwertgefühl bewirken. Oft wird unterschätzt, dass finanzielle Probleme in der Familie und Arbeitslosigkeit der Eltern sich später häufig auf das Selbstwertgefühl der Kinder auswirken.

Kinder, die im Grundschulalter etliche Male umziehen, stehen im Sozialleben außerhalb der Familie oft abseits und verpassen den Anschluss an Gleichaltrige. Kinder mit einem anderen kulturellen Hintergrund fühlen sich oft in ihrem Selbstwertgefühl verletzbar, weil sie die Regeln des sozialen Umgangs und die Sprache noch nicht beherrschen. Darum haben sie keinen selbstverständlichen Platz in ihrer eigenen Lebenswelt. Weniger eindrucksvoll, aber für empfindsame Kinder doch einschneidend, sind Brillen, Zahnspangen, rote Haare, Sommersprossen, zu lang, zu kurz, zu dünn, zu dick, unpassende Kleidung, falsches Fahrrad usw.

Für all diese mehr oder weniger einschneidenden Ereignisse gilt, dass es nicht die faktischen Umstände oder Ereignisse sind, die bestimmen, wie stark die Auswirkung auf die Kinder sein wird. Es ist vor allem die (Un-) Möglichkeit, die das Kind hat oder bekommt, um diese Ereignisse zu verarbeiten, die für sein Selbstgefühl prägend sein werden.

Die Pubertät als Krise des Narzissmus

Das Selbstgefühl des Jugendlichen erfährt in der Pubertät eine einschneidende Entwicklung. Fordert man Erwachsene auf, sich an ihre eigene Pubertät zu erinnern, so fällt oft auf, dass viele Ereignisse aus dem Alter von elf bis fünfzehn Jahren in Vergessenheit geraten sind. Die meisten Erwachsenen haben viel lebhaftere Erinnerungen an die Zeit danach, sprich sechzehn plus. Soweit sie Erinnerungen an die Pubertät haben, sind sie meistens nicht angenehm. Oft ist es das Gefühl der Unsicherheit, das besonders hängengeblieben ist. Auch Gefühle von Einsamkeit und Isolation fallen auf. Was macht die Pubertät zu einer so obskuren und schwer zugänglichen Lebensphase?

Durch die kognitive Entwicklung bröckelt das Bild von den idealen, allwissenden Eltern langsam, aber sicher. Der Jugendliche sieht zum Beispiel, dass in anderen Familien andere Regeln gelten oder dass es bei Freundinnen viel gemütlicher ist. Die Eltern verlieren viel von ihrer selbstverständlichen Autorität. Der Jugendliche setzt sich mit ihnen mehr auseinander und ist öfter mit ihnen uneins. Seinem Selbstvertrauen tut es gut, mit den Eltern zu diskutieren, um bei allerlei alltäglichen Dingen mitzureden, zum Beispiel bei der Urlaubsplanung. Er fühlt sich schon sehr groß und erwachsen. Was viele Jugendliche und Eltern sich nicht bewusst machen, ist, dass dieser Entwicklungsschritt auch einen Verlust mit sich bringt. Wenn Eltern und Erwachsene sich als normale, fehlbare Menschen erweisen, gerät ihre Rolle als Quelle des Selbstwerts ins Wanken. Komplimente, Beruhigung oder Ermunterung durch sie verlieren viel von ihrer Wirkung oder haben sogar den entgegengesetzten Effekt.

Kleider kaufen

Karin ist elf Jahre alt und kauft ihre Kleider immer gemeinsam mit ihrer Mutter. Wenn sie sich nicht recht sicher ist, hilft ihr die Mutter bei der Auswahl. Karin hat einen eigenen Geschmack, lässt sich aber oft von dem beeinflussen, was die Mutter an ihr gut findet. Gefällt es der Mutter, dann ist es auch für Karin in Ordnung.

Als Karin dreizehn Jahre alt wird, ändert sich die Situation. Sie bekommt Kleidergeld und soll viele ihrer Kleider zusammen mit ihren Freundinnen kaufen. Manchmal geht sie auch mit der Mutter einkaufen, zum Beispiel einen Mantel oder Schuhe, aber das führt öfter zu Streit. Schuhe, die der Mutter gefallen, kommen – schon deshalb – nicht in Betracht.

Der Jugendliche ist, um ein stabiles Selbstwertgefühl aufrecht zu erhalten, immer stärker auf sich selbst und seine Altersgenossen angewiesen. In keiner anderen Lebensphase fühlen sich Kinder mit ihrem Selbstwertgefühl so abhängig vom Urteil der Gleichaltrigen. Das ist der wichtigste Grund, warum diese in der Pubertät eine so lebenswichtige und entscheidende Rolle im Leben des Jugendlichen spielen. Für Eltern ist das oft eine schmerzliche Erfahrung, weil sie das Kind immer als offen und zugänglich gekannt haben, aber von der Pubertät an scheint es sich gegen sie zu verschließen, will keine Ratschläge mehr und sucht immer mehr seine Intimsphäre. Die Eltern merken – manchmal eifersüchtig –, dass der Jugendliche in wichtigen Dingen andere Erwachsene ins Vertrauen zieht. Ziemlich viele Eltern fühlen sich zuweilen von ihrem pubertierenden Kind im Stich gelassen.

Die Beziehungen zur Peergroup

Eine wichtige Quelle des Selbstwertgefühls ist der Umgang mit Gleichaltrigen, vor allem in Schule und Vereinen. Bedeutungsvoll im Leben des Jugendlichen ist der Übergang von der Grundschule zur weiterführenden Schule. Einerseits empfindet man es als einen wesentlichen Schritt zum Großwerden, worauf die Jugendlichen (und ihre Eltern) stolz sind, aber der Übergang von der Grundschule zur weiterführenden Schule bedeutet auch einen Anschlag auf das Selbstwertgefühl, weil man wieder der Kleinste in der Schule ist. Jugendliche, die sich einer Clique angeschlossen haben, haben ein Zugehörigkeitsgefühl und mehr Selbstvertrauen als Kinder, die Einzelgänger sind. Sehr vieles in ihren Gesprächen handelt von Erlebnissen in Freundschaften und beginnenden Liebschaften, aber die bedrängende Frage: »Gehöre ich dazu, finden sie mich nett und attraktiv?«, zieht sich wie ein roter Faden durch ihre ganze Kommunikation.

Es gibt viele Jugendszenen mit bestimmten äußerlichen Merkmalen: HipHop-Fans, Gothics, Streber, Rapper und, und, und. Einerseits haben die Jugendlichen sehr viel dafür übrig, einer bestimmten Gruppe anzugehören, denn sie stützt das Selbst- und Identitätsgefühl, andererseits wollen sie auch sie selbst sein und entdecken, wer sie eigentlich sind.

Pubertätsdilemma

»Wenn ich meine Haare lang wachsen lasse, bin ich ein Metal, wenn ich einen Scheitel ziehe, bin ich ein Streber, und wenn ich mir eine Glatze schere, bin ich ein Kerl. Ich will einfach ich selbst sein, aber ich weiß nicht, wie ich die Haare tragen soll, um ich zu sein.« (Vrij Nederland, Oktober 2003)

Der Jugendliche lebt in einem komplizierten Spannungsfeld zwischen einerseits dem sicheren Gefühl dazuzugehören und andererseits – mit dem

Risiko der Isolation und Einsamkeit – zu versuchen, er selbst zu sein. Viele Jugendliche wählen einen sicheren Mittelweg: Sie fallen durch die Angepasstheit an die Peergroup auf und behalten ihre Individualität für sich selbst.

Mobbing

Im Umgang unter Gleichaltrigen ist, was das Selbstgefühl anbelangt, Mobbing ein wichtiges Thema. Es kann in der Pubertät manchmal bizarre Ausmaße annehmen. Mobbing ist für den Jugendlichen eine sehr verunsichernde Erfahrung, weil es das Selbstwertgefühl unmittelbar bedroht. Die Auswirkungen werden immer noch unterschätzt. Mobbing kommt nicht nur häufig vor, auch seine Folgen können sich noch jahrelang auswirken. Viele Erwachsene, die als Kind oder Jugendliche gemobbt wurden, fühlen sich in sozialen Situationen immer noch unsicher.

Nina wird gemobbt

Nina besucht die 2. Klasse der Realschule und wird von den Mitschülern gemobbt. Eine Gruppe von Jungen und Mädchen beschimpft sie in der Pause und auch sonst ist sie Opfer von allerlei Schikanen. Ihre Tasche wird versteckt, die Luft aus dem Fahrradreifen gelassen, die Turnsachen in die Dusche gelegt, Briefe mit sexuellen Scherzen unter ihrem Namen an Jungen geschickt usw. Nina hält sich tapfer und versucht, so wenig wie möglich darauf zu achten, während jeder sehr wohl sehen kann, dass es ihr weh tut. Mit ihren Eltern zu Hause spricht sie nicht darüber, denn sie fürchtet, sie würden bei den Eltern der Peiniger anrufen. Klassenkameraden ergreifen nicht ihre Partei, denn alle haben Angst vor der Clique der Rowdys. Das Mobben wird schlimmer, und eines Mittags wird sie nach der Schule mitsamt dem Fahrrad und allen Sachen in einen Graben gestoßen. Zu Hause bricht sie in Tränen aus und erzählt ihrer Mutter vom Mobbing.

Was soll in so einem Fall am Besten geschehen?

Ninas Eltern nehmen Kontakt mit dem Klassenlehrer auf und bitten um einen Termin. Sie haben ein gemeinsames Gespräch, und Nina erzählt, wie sehr und von wem sie geärgert wird. Der Klassenlehrer verspricht, den betreffenden Kindern klar zu machen, dass Mobbing an dieser Schule nicht geduldet wird und sie mit Sanktionen zu rechnen haben, wenn es noch einmal vorkommt. In der Klasse wird Mobbing in einer Themenstunde behandelt, ohne dass Nina erwähnt wird. Doch es wird darüber gesprochen, welche Gefühle es im Beobachter auslöst, Zeuge des Mobbings zu sein, und auch über die Angst, es zu melden bzw. auch die Schuldgefühle, wenn man es unterlässt. Auch die Eltern der Peiniger werden über das Verhalten ihrer Kinder benachrichtigt.

Mobbing kommt oft vor, insbesondere in der Schule. Fast zehn Prozent aller Jugendlichen wird einmal oder öfters pro Woche gemobbt, eine kleine Gruppe beinahe jeden Tag. Die meisten Klassenkameraden finden es nicht gut, wenn jemand häufig gemobbt wird, wagen aber aus Angst, selbst Mobbing-Opfer zu werden, nichts zu sagen. Wird Mobbing den Lehrern gemeldet, reagieren sie, aber – wie Untersuchungen zeigen – oft zu abwartend und sie schreiten nicht ein.

Die Ursachen des Mobbings

Es gibt keine eindeutige Ursache für Mobbing. Täter werden gemacht und nicht geboren. Viele von ihnen kommen aus Familien, in denen sie selbst gemobbt wurden oder das Selbstwertgefühl stark untergraben wurde. Auch die Dynamik der Peergroup kann das Mobbing verstärken. Vor allem in der Pubertät, wenn das Selbstgefühl in einer Krise steckt, werden Gefühle der Unsicherheit bekämpft, indem man andere erniedrigt oder mobbt. Mobbing-Beziehungen bestehen dann nicht nur zwischen dem Peiniger und dem Opfer, sondern es handelt sich offensichtlich um ein Gruppenphänomen, bei dem die Gruppe und auch die schweigenden Zuschauer eine aktive (aber manchmal unsichtbare) Rolle spielen. Eine wenig erkannte Ursache des Mobbing-Verhaltens von Jugendlichen ist ein versagendes Lehrerteam, zum Beispiel durch interne Konflikte oder Kollegen, die ihrer Aufgabe nicht gewachsen sind.

Die meisten Schulen verfügen über Richtlinien bei Mobbing und wissen ziemlich gut, wie sie damit umgehen müssen. Sie können sich in diesem Punkt auch beraten lassen. Eltern können die Schulen darauf ansprechen und versuchen, dem Mobbing ihres Kindes ein Ende zu bereiten. Oft beendet eine aktive Haltung der Schule das Mobbing.

Nicht selten ist die Situation jedoch komplizierter. Zum Beispiel, wenn sich herausstellt, dass das gemobbte Kind deutlich seinen eigenen Teil dazu beiträgt, etwa indem es auf subtile Weise das Mobben provoziert. Dann zeigt sich, dass dieses Kind oft selbst ein Quälgeist ist, der es versteht, auf eine bei weitem nicht für jeden sichtbare Weise andere zum Mobbing-Verhalten anzustacheln, worüber es sich dann, nicht selten triumphierend, beklagt.

Viele Eltern denken zu Unrecht – und die Jugendlichen geben dazu reichlich Anlass –, sie würden nicht mehr zur Aufrechterhaltung des Selbstwertgefühls gebraucht. Die Jugendlichen widersetzen sich den Eltern, und das, was andere (zum Beispiel Lehrer und Gleichaltrige) meinen, wiegt mehr als die Auffassungen der Eltern. Aber der Schein trügt. Jugendliche haben freundliche Bestätigung nötig und wollen ihre Leistungen anerkannt haben, auch wenn es nicht die Schule, sondern Sport oder Musik betrifft. Oft sind es die scheinbar so gleichgültigen Jugendlichen, welche diese positive und unterstützende Annäherung am nötigsten haben.

In der Mehrzahl haben die Jugendlichen einen guten Kontakt zu ihren Eltern und sprechen viel über ihre Sorgen und Zweifel – nicht über »alles«, denn sie behalten immer mehr für sich, und von vielen Dingen bekommen die Eltern wenig zu hören oder jedenfalls weniger, als ihnen lieb ist. Jugendliche finden es wichtig, ernst genommen zu werden, auch wenn es sich um Dinge handelt, von denen sich die Eltern nur schwer vorstellen können, dass sie Bedeutung haben, zum Beispiel eine bestimmte Marken-Kleidung. Es hilft dem Jugendlichen auch, darauf vertrauen zu können, dass, falls nötig, die Eltern Grenzen setzen. Die Tatsache, dass es sie gibt, dass die Eltern ein bestimmtes Verhalten nicht akzeptieren, erlebt der Jugendliche nicht nur als einschränkend oder altmodisch, sondern auch als Beweis, dass es den Eltern nicht egal ist, was er tut, und dass die Eltern auch seine Interessen im Blick behalten. Die Konflikte über alltägliche Dinge, wie Zeiten, Kleidung, Haartracht, Hausaufgaben oder Fernsehen, sind dann für die Familienmitglieder oft sehr ärgerlich, aber Jugendliche, die in Familien mit eindeutigen Regeln groß werden, wo es aber auch Möglichkeiten gibt, darüber zu verhandeln, haben mehr Selbstvertrauen als ihre Alternsgenossen aus Familien, in denen die Regeln zu streng sind oder völlig fehlen.

Wenn das Selbstwertgefühl untergraben wird

Der Narzissmus der Kinder kann sich auf eine gesunde Weise entwickeln, wenn sie sich keine Sorgen um ihre Eltern und deren Wohlbefinden zu machen brauchen, weil sie keinen Grund haben, daran zu zweifeln. Je weniger die Eltern imstande sind, diese gesunde Illusion vor den Kindern aufrecht zu erhalten, desto unsicherer werden sich diese in der Familie fühlen. Offene Konflikte zwischen den Eltern, ernsthafte pädagogische Defizite, sich zuspitzende Konflikte in der engeren und/oder weiteren Familie führen bei den Kindern nicht nur zu Schuldgefühlen, sondern haben auch einen sehr schwächenden Effekt auf das Selbstwertgefühl.

Das Selbstwertgefühl wird auch dann untergraben, wenn Eltern so tun, als würden die Jugendlichen sie nicht mehr brauchen, wenn sie die Regeln für ihr Verhalten selbst bestimmen dürfen, zum Beispiel, ob sie in die Schule gehen oder nicht, mit wem sie sich treffen und wie spät sie nach Hause kommen. Nicht selten fürchten diese Eltern, Grenzen zu setzen, weil es dadurch zu Auseinandersetzungen mit dem Jugendlichen kommen kann.

Jugendliche brauchen Grenzen, weil:
- *sie nicht alle Konsequenzen ihres Verhaltens durchschauen können;*
- *Grenzen die Überschätzung der eigenen Fähigkeiten dämpfen;*
- *sie etwas haben müssen, worüber man jederzeit mit den Eltern Kontakt hat;*
- *Eigenverantwortung kein Geschenk ist, sondern verdient werden muss;*
- *Grenzen ein Zeichen von Besorgnis, Interesse und Liebe sind;*
- *die Loslösung erst richtig gelingt, wenn die Jugendlichen sich gegen etwas abgrenzen können;*
- *Jugendliche gute Gründe haben müssen, um später das Zuhause zu verlassen.*

Eltern, die selbst Probleme mit dem Selbstwertgefühl haben, können für ihre Kinder eine Quelle für Schwierigkeiten darstellen, indem sie die normalen Entwicklungsaufgaben der Pubertät als zu bedrohlich erleben. Die Eltern reagieren dann auf eine Situation, der sich der Jugendliche sehr gut selbst stellen kann, mit Angst und Überbesorgtheit. Die ängstliche Reaktion der Eltern macht in der Folge den Jugendlichen unsicher und verstärkt seine Zweifel an den eigenen Fähigkeiten.

Manche Eltern brauchen das pubertierende Kind, um das fragile Gleichgewicht des eigenen Selbstwertgefühls zu stützen. Die Loslösung des Jugendlichen bedeutet dann eine ernsthafte Bedrohung. Der Jugendliche gerät in die Klemme zwischen dem eigenen Wunsch nach Selbständigkeit und den Schuldgefühlen darüber, die Eltern im Stich zu lassen.

Eine spanische Mutter

Conchita ist fünfzehn Jahre alt und besucht VMBO.[6] *Die Eltern ließen sich vor zwei Jahren scheiden. Conchita wohnt bei ihrer spanischen Mutter und hat keinen Kontakt mehr zu ihrem niederländischen Vater. Zu Hause hat sie wegen so ziemlich allem fast täglich Streit mit ihrer Mutter: Kleidung, Taschengeld, Hausaufgaben. Seit kurzem hat sie einen Freund. Dadurch haben die Auseinandersetzungen noch zugenommen. Die Mutter findet, sie sei für eine feste Beziehung noch zu jung. Sie will nicht, dass Conchita sich einen Job sucht, um sich etwas dazuzuverdienen, vielmehr soll sie sich in der Schule mehr anstrengen. Die Mutter wirft Conchita vor, sie würde nur an sich denken. Die Familie der Mutter lebt in Südspanien. Sie hat den Kontakt nach einem heftigen Erbschaftsstreit abgebrochen, als die Eltern vor zehn Jahren bei einem Flugzeugunglück ums Leben gekommen waren. Sie spricht kaum Niederländisch und hat in den Ehejahren keine Freundschaften geschlossen. Sie arbeitete als Putzfrau. Nach der Scheidung wurde sie arbeitsunfähig geschrieben und bezieht jetzt eine Rente. Sie hat nicht nur die Scheidung nicht verarbeiten können, sondern findet es auch schwierig, ihre Tochter loszulassen. Es ist für sie schmerzlich zu sehen, dass Conchita besser als sie selbst im Stande zu sein scheint, ein selbständiges Leben aufzubauen.Sie ist nicht nur eifersüchtig, sondern lebt auch in der Angst, ganz allein in einem Land, in dem sie niemanden kennt und dessen Sprache sie nicht spricht, zurückzubleiben.*

Scham und Schuld

Narzissmus ist ein abstrakter Begriff, der sich auf ein komplexes System psychischer Mechanismen bezieht. Es gibt einen wichtigen Gradmesser für den Narzissmus, sozusagen das Barometer des Selbstwertgefühls: die Scham. Viele Jugendliche und ihre Eltern können nicht zwischen Schuld und Scham unterscheiden. Die meisten Menschen sagen lieber, sie fühlen sich schuldig, als dass sie sich für etwas schämen. Die Scham wird auch das Aschenputtel der Gefühle genannt. Erst in den letzten Jahren wird mehr über diesen wichtigen Affekt nachgedacht. Scham scheint verborgener zu sein, während Schuld sich eher zeigen darf. Das rührt daher, dass Schamge-

[6] VMBO = voorbereidend middelbaar beroepsonderwijs, ein Schulsystem, das je nach Begabung einen Realschul- oder Hauptschulabschluss bietet.

fühle tiefgreifender sind als Schuldgefühle, denn Scham handelt davon, wer man ist, und Schuld, was man tut. Scham ist eine Blamage, die von jedem gesehen zu werden scheint, ein lähmendes Gefühl. Bei Scham ist man sich bewusst, selbst den Schaden verursacht zu haben, und das führt zu einem anderen Verhalten als Schuld. Wer sich schämt, will in den Boden versinken und verschwinden, steht mit einem roten Kopf da und bekommt keinen Ton heraus. Beim Schuldgefühl dagegen besteht ein größeres Bewusstsein davon, dass man dem Anderen etwas angetan hat. Dazu gehört ein anderes Verhalten, zum Beispiel die Wiedergutmachung, dem Anderen etwas geben. Schuld und Wiedergutmachung vertiefen die Beziehung, weil hier eine beiderseitige Rücksichtnahme vorliegt. Scham schafft oft eher Abstand, weil sich der Betreffende ohnmächtig und wertlos fühlt und am liebsten so schnell wie möglich verschwindet.

Im Schema sieht der Unterschied zwischen Scham und Schuld folgendermaßen aus:

	Scham	*Schuld*
Selbsterleben	Ich bin verletzt	Der Andere ist verletzt
Erleben des Anderen	Der Andere ist unversehrt	Ich bin unversehrt
Thema	Wer bin ich?	Was habe ich getan?
Verhalten	Vermeiden und schweigen	Bekennen und wiedergutmachen
Beziehung	Größerer Abstand	Vertiefung

Es ist schwierig, mit Jugendlichen zu sprechen. Über dies und das zu reden, geht sehr gut, aber wenn es sich um sie selbst handelt, sind Jugendliche oft unerreichbar. Dafür gibt es zwei Gründe: An erster Stelle ist die kognitive Entwicklung bei vielen Jugendlichen noch nicht so weit, dass sie reflektiert mit anderen über sich sprechen können. Über eigene Gefühle und eigenes Erleben zu reden – diese Fähigkeit muss sich erst noch entwickeln; bei den meisten Jugendlichen beginnt das erst um das fünfzehnte Lebensjahr.

Ein zweiter wichtiger Grund ist die Scham. Wegen des verletzlichen Selbstwertgefühls spielt sie für den Jugendlichen eine große Rolle. Er schämt sich sehr schnell – und wegen allem. Aus diesem Grund fühlt er sich beobachtet, und sein Schweigen ist eine Methode, um Schamgefühle zu vermeiden und sich vor allem vor dem aufdringlichen Interesse der Erwachsenen zu schützen. Ein Gespräch mit einem Jugendlichen wird also immer schnell zu einer Übung in Schamvermeidung. Viele Eltern und Erwachsene denken, es handle sich um Gleichgültigkeit, und viele Jugendliche sind rundheraus abweisend, wenn sie auf etwas angesprochen werden, aber oft ist es nur ihre Verteidigung gegen die Scham und das Gefühl, ertappt zu werden.

Die Jugendlichen gehen also am liebsten gar nicht erst das Risiko ein, etwas über sich zu erzählen, denn es besteht immer die Möglichkeit, sich zu blamieren, vor allem, wenn es um persönliche Dinge geht. Die Angst, sich zu schämen, nimmt in der Pubertät manchmal groteske Ausmaße an.

Schmusetier

Die Förderstufenklasse fährt am Wochenende ins Landschulheim. Peter schreckt vor dem Übernachten zurück, denn er denkt (übrigens zu Unrecht), er sei der einzige Junge in der Klasse, der immer noch mit seinem Bären schläft. Er benimmt sich in der Schule daneben und zieht zu Hause so über das »dumme Landschulheim« her, dass er schließlich zur Strafe nicht mit seiner Klasse übers Wochenende wegfahren darf.

Das Vermeiden beschämender Erfahrungen ist für die Jugendlichen nicht nur sehr wichtig, sondern bringt sie auch oft in Konflikte mit Normen und Werten, die sie von zu Hause mitbekommen haben. Die Eltern ertappen sie oft beim Lügen. Sie schwänzen die Schule, und was das Ausgehen und den Zeitpunkt des Nach-Hause-Kommens betrifft, merken viele Eltern, dass ihre Kinder, von denen sie das eigentlich nie gewöhnt waren, fähig zu sein scheinen, ihnen die durchsichtigsten und manchmal durchtriebensten Ausreden aufzutischen, um ihr Verhalten zu rechtfertigen. In vielen Fällen handelt es sich um ein Dilemma zwischen der Angst, sich vor den Altersgenossen zu blamieren, und dem Wunsch, eine gute Beziehung zu den Eltern haben zu wollen.

Dilemma

Dominik ist vierzehn Jahre alt und darf mit Erlaubnis der Eltern bis 23.00 Uhr auf der Geburtstagsfeier bei seinen besten Freunden bleiben. Er bekommt Geld, um mit dem Taxi nach Hause zu fahren. Dann stellt sich aber heraus, dass das Fest später anfängt, als Dominik gedacht hatte. Viertel vor elf zu gehen, wäre eine absolute Blamage. Er denkt, dass er damit bei seinen Freunden definitiv unten durch wäre. Er wagt auch nicht, zu Hause anzurufen und zu fragen, ob er länger bleiben darf, weil er fürchtet, dass seine Eltern »nein« sagen. Um viertel nach zwölf geht er schweren Herzens nach Hause, wo seine Eltern ihn beunruhigt und erbost erwarten. Dominik bekommt eine Woche Hausarrest und zwei Wochen kein Taschengeld. Die Eltern sind geschockt, weil sie dieses Verhalten von ihm nicht kennen.

Als sie am nächsten Tag darüber sprechen, erzählt er von seiner Angst, sich vor seinen Freunden zu blamieren, wenn er pünktlich nach Hause gegangen wäre. Er fürchtete, es würde mit seinen Freunden nie mehr in Ordnung kommen, und er sei ein für allemal unten durch. Er versteht sehr gut, dass seine Eltern böse und beunruhigt waren. Er findet es für sie auch problematisch. Aber er ist sich sicher, dass seine Eltern ihn dennoch lieb haben. Er fühlt sich ihnen gegenüber lieber schuldig, als sich vor den Gleichaltrigen zu schämen.

Probleme von und mit Jugendlichen

Vor noch nicht allzu langer Zeit gab es die ziemlich verbreitete Auffassung, dass die Pubertät für alle Kinder, wenn nicht eine heftige, so doch wenigstens eine heikle Entwicklungsphase sei und auch sein müsse. Alle Jugendlichen müssten diese Phase des »Sturm und Drang« durchlaufen, um mit mehr oder weniger heiler Haut im Erwachsensein zu landen. Die Entwicklungsaufgaben, wie in den ersten Kapiteln beschrieben, forderten von ihnen ihren Tribut. Die empfindlichsten Jugendlichen würden – so diese Auffassung – schon frühzeitig in der Pubertät straucheln und unterschiedliche ernste Probleme zeigen, weniger Empfindliche würden es besser durchstehen, könnten sich besser an die neuen Entwicklungsaufgaben und Veränderungen in der Außenwelt anpassen und kämen schließlich ohne allzu viele Blessuren durch die Pubertät. Die Pubertät wurde als gefährlicher Übergang von der Kindheit ins Erwachsensein angesehen.

Das ist ein gutes Beispiel für ein Phänomen, das in der Psychologie öfter vorkommt: Eine eingefahrene Ansicht verändert sich nur langsam. In den vergangenen Jahrzehnten wurde deutlich, dass diese Sturm-und-Drang-Sichtweise der Nuancierung bedarf. Obwohl für viele Kinder – und auch für die Familien, in denen sie leben – die Pubertät oft eine turbulente Lebensphase ist, gehen doch viele von ihnen – und die Familien – ohne nennenswerte Konflikte ziemlich glatt durch die Pubertät und behalten eine gute Beziehung zu den Eltern.

Auch wenn Kinder in der Pubertät manchmal intensive Veränderungen durchmachen, die viele innere Konflikte und Tumult mit sich bringen, ist aus Untersuchungen schon seit Jahrzehnten bekannt, dass sich eine Beziehung zwischen Pubertät und psychischer Erkrankung nicht herstellen lässt. Die Entwicklung in der Pubertät ist komplex und somit auch der Zusammenhang mit seelischer Krankheit. Aus den ersten Kapiteln wurde deutlich, dass die Pubertät keine bequeme Entwicklungsphase ist und oft mit Gefühlen des Versagens, der Einsamkeit und Isolation einhergeht. Epidemiologische Studien zeigen, dass die meisten Jugendlichen diese Altersphase ohne allzu große Probleme durchlaufen. Auf den ersten Blick kann man die Jugendlichen in drei Gruppen einteilen. Etwa ein Drittel durchläuft die Pubertät ohne große Probleme. Für ein weiteres Drittel ist die Pubertät eine Zeit regelmäßiger Stimmungsschwankungen und Konflikte mit Eltern und Schule. Und für das restliche Drittel ist sie eine Phase der Zerrissenheit und heftiger Konflikte zu Hause und in der Schule. In einigen Fällen können die Konflikte – vorübergehend oder endgültig – gehörig aus dem Ruder laufen.

Aus Untersuchungen und der psychotherapeutischen Praxis kommt ein auf den ersten Blick verwirrender Umstand ans Licht: Das Verhalten in der Pubertät lässt keine sichere Prognose für die Entwicklung psychischer Störungen zu, weder in der Pubertät noch im späteren Leben. Über einen Jugendlichen, der eine ruhige Entwicklungsphase durchzumachen scheint, kann man deshalb nicht sagen, eine psychische Störung oder eine problematische Entwicklung seien kein Thema. Viele depressive Jugendliche zum Beispiel sind wenig auffällig oder gar unbequem. Auch für die Gruppe, die in der Pubertät große Probleme macht, lässt sich auf lange Sicht nicht einfach eine viel größere Erkrankungsrate prognostizieren. Die Ernsthaftigkeit der Symptome ist kein geeigneter Maßstab für den Ernst der Störung. In allen drei Gruppen gibt es Jugendliche, die später in (ernsthafte) psychische Probleme geraten werden. Eine turbulente Pubertät sagt also nichts über eine problematische Entwicklung oder seelische Erkrankungen im späteren Alter aus.

Im vorliegenden Kapitel liegt der Akzent auf dem normalen Jugendlichen und seinen Problemen. Auch die durchschnittliche Pubertät kann manchmal eine schwere Belastung für das Durchhaltevermögen von Eltern, Schule und den Jugendlichen sein. Doch sind die Schicksale in dieser Gruppe der Jugendlichen andere im Vergleich zu der Gruppe, die schon früh in der Adoleszenz strauchelt, eine ernste Problematik zeigt und hoffentlich rasch adäquate Hilfe erhält. Dabei kann man an Jugendliche mit ernsten Verhaltensstörungen denken, bei denen Kriminalität und Gewalttätigkeit im Vordergrund stehen. Auch andere ernst zu nehmende Formen der Psychopathologie, bei denen unmittelbar deutlich ist, dass sie professioneller Hilfe bedürfen, kommen nicht ausführlich zur Sprache. Dieses Kapitel handelt von Jugendlichen (und ihren Familien), die es zwar schwer haben, aber bei denen nicht direkt klar ist, ob es wirklich Grund zur Beunruhigung gibt oder ob es ein vorübergehendes oder sogar wünschenswertes Ereignis ist.

Wann schaltet man professionelle Hilfe ein? Wie macht man das? Wie bezieht man die Eltern mit ein? Wollen die Jugendlichen das überhaupt? Was macht man, wenn der Jugendliche keine Hilfe will? Was macht man, wenn der Jugendliche nicht will, dass die Eltern informiert werden? Das sind einige der häufigen Fragen, auf die dieses Kapitel eine Antwort zu geben versucht.

Epidemiologie

Psychische Probleme bei Jugendlichen wurden als Forschungsgegenstand lange vernachlässigt. Erst in den letzten zehn Jahren sind die Daten über die seelische Gesundheit in dieser Altersgruppe einigermaßen zuverlässig. Aber es gibt immer noch große Unterschiede, die von den Untersuchungsbedingungen abhängen. Aus zuverlässigen Zahlen geht hervor, dass ca. 35 Prozent der Jugendlichen für die Diagnose seelischer Störungen in Betracht kommen. Das sieht nach einer beängstigenden Zahl aus, sagt aber eigentlich nicht viel. Manche Störungen machen den Jugendlichen keine so großen Beschwerden oder behindern ihre Lebensweise nicht ernstlich. Beispiele sind Spinnen- oder Mäusephobien. Das ist zwar eine Diagnose, aber sie hat keine nachteiligen Auswirkungen auf das Leben des Jugendlichen. Denn wenn man auch danach schaut, ob die Störung die Lebensqualität beeinträchtigen oder die Entwicklung gefährden kann, zeigt die epidemiologische Forschung, dass ungefähr fünf Prozent der Jugendlichen als eine Gruppe betrachtet werden kann, die professionelle Hilfe benötigen, um ihrem Leben eine positive Wendung geben zu können. Dann gibt es noch eine Gruppe mit sieben Prozent mit ernsthaften Dysfunktionen, bei der aber keine Diagnose gestellt ist. Für die Niederlande betrifft das rund 120.000 Jugendliche, deren Entwicklung aus der Bahn geraten oder ernsthaft bedroht ist. Sie haben professionelle Hilfe nötig, um auf den Weg zum Erwachsensein zurückzufinden. Da die Hilfe für Jugendliche nicht zentral erfasst wird, fehlen hier genaue Zahlen.

Die Verhältnisse in Deutschland

Unmittelbar vergleichbare Zahlen gibt es in der deutschen Literatur nicht, da die Fragestellungen der niederländischen und deutschen Studien verschieden sind. Dennoch gibt es einige aufschlussreiche Ergebnisse, die die Notwendigkeit betonen, bei Kindern und Jugendlichen auf psychische Probleme zu achten, die gar nicht so selten vorkommen. Über deren Art und Verteilung gibt eine vergleichende Statistik von Erziehungsberatungsstellen sowie Kinder- und Jugendpsychiatern Auskunft.

In der Reihenfolge der Häufigkeit handelt es sich um emotionale Störungen, Lernprobleme, Störungen des Sozialverhaltens, körperliche Auffälligkeiten, Sprachstörungen und sonstige. Dass diese Auffälligkeiten keine Seltenheit sind, geht aus einer Tabelle des Statistischen Bundesamtes hervor, die die in 2006 abgeschlossenen Beratungen in Kinder- und Jugendhilfeeinrichtungen mit 283.633 angibt, wobei allerdings nicht zwischen Kindern und Jugendlichen unterschieden wird. Eine andere Statistik aus 2007 berechnet, dass von 10.000 Minderjährigen 199 in einer Beratung sind (Expertise zum 13. Kinder- und Jugendbericht der Bundesregierung, 2009).

Aber wenn man bedenkt, dass lediglich ein Bruchteil dieser Gruppe tatsächlich die erforderliche Hilfe erhält, verwundert es eigentlich, dass diese Zahlen so wenig Beunruhigung auslösen.

Darüber hinaus kann man inzwischen mit Sicherheit annehmen – obwohl nur ungenügend brauchbare Untersuchungen vorliegen –, dass eine große Gruppe dieser Jugendlichen zu Erwachsenen heranreift, die mit mehr oder weniger ernsten psychischen Problemen zu kämpfen haben werden. Problematische Jugendliche wachsen in der Regel zu problematischen oder zumindest labilen Erwachsenen heran. Nicht nur im psychologischen Sinn, sondern auch in gesellschaftlicher und ökonomischer Hinsicht ist dies eine schwere Belastung für die Gemeinschaft.

Probleme wahrnehmen

Eltern, Lehrkräfte, Berater, Psychotherapeuten und andere Berufsgruppen werden mit dem Paradoxon konfrontiert, dass die Ernsthaftigkeit der Symptome kein verlässlicher Maßstab für die Ernsthaftigkeit der Probleme ist. Das macht das Erkennen der Problematik und das Angebot professioneller Hilfe zu einer komplizierten Angelegenheit. Die Erwachsenen wollen gerne, dass es den Jugendlichen gut geht und übersehen deshalb viele Probleme. Eltern bemerken die Probleme ihrer Kinder oft nicht. Gewöhnlich sehen sie deren emotionale Situation rosiger als die Kinder selbst. Jugendliche mit Verhaltensproblemen gehen ein geringeres Risiko ein, dass ihre Schwierigkeiten übersehen werden, weil sie viel Aufmerksamkeit verlangen und oft starke Reaktionen in ihrer Umgebung auslösen. Das steht in schroffem Gegensatz zu der Situation, die viele Berater von Mädchen in der Pubertät kennen, die einen Suizidversuch unternommen haben, woraus ersichtlich wird, dass sie eigentlich schon lange depressiv sind, ohne dass es jemand bemerkt hat.

Bemerken Eltern und Erwachsene die Probleme der Jugendlichen oft unzureichend, so rücken diese auch noch selten selbst damit heraus. Wenn sie noch jung sind, werden sie bestimmt nicht oft die Bitte um Hilfe aussprechen. Jugendliche gehen selten auf ein Elternteil oder Erwachsene in ihrer Umgebung zu, um sie um ein helfendes Gespräch zu bitten. Dabei spielt die kognitive Entwicklung eine Rolle: Sie ermöglicht dem Jugendlichen im weiteren Verlauf der Pubertät, über sich selbst nachdenken zu können, wodurch er allmählich besser im Stande ist, auch um Hilfe zu bitten. Mit Dreizehn oder Vierzehn kann man das von einem Jugendlichen eigentlich noch nicht erwarten. In der Oberstufe der weiterführenden Schule kann man aber bei einem größeren Teil der Jugendlichen damit rechnen. Auch die narzisstische Entwicklung spielt dabei eine Rolle: Das Erleben schmerzlicher Gefühle wie Angst und Depression ist für Jugendliche bedrohlich. Sie schämen sich oft sehr stark ihrer Gefühle, von denen sie denken, sie seien nicht normal. Jugendliche können und wagen nicht, um Hilfe zu bitten. Sie versuchen, ihr Unbehagen so gut wie möglich zu verbergen oder zu maskieren, indem sie die Isolation suchen oder besonders forsches und cooles Verhalten an den Tag legen. Es hat also eine große präventive Bedeutung, dass die Erwachsenen von sich aus auf die Probleme aufmerksam werden.

Signale und Symptome

Welches sind die Signale, die darauf hinweisen, dass es dem Jugendlichen nicht gut geht? Es gibt natürlich junge Menschen, die einfach sagen, sie fühlten sich beschissen oder es gehe ihnen nicht gut und sie wollten darüber sprechen. Das ist – wie gesagt – eher die Ausnahme als die Regel. Andere geben auch deutlich ihre Probleme zu erkennen, indem sie eine ernste Symptomatologie zeigen. Es bestehen keinerlei Zweifel, dass Hilfe angeboten werden muss. Aber auch im Fall ernst zu nehmender Symptome muss das noch nicht heißen, dass es sich auch um schwerwiegende Probleme handelt.

Selbstverletzung/Ritzen
Mareike geht in die zweite Klasse der Realschule. Mitten im Sommer erscheint sie mit einem langärmeligen Pullover in der Schule. Ihre Freundinnen machen Späße darüber, die Mareike nicht lustig findet. Eine ihrer Freundinnen geht jedoch zum Lehrer und sagt, Mareike würde sich in den Arm schneiden, und sie wisse nicht, was sie tun solle. Der Lehrer lobt die Freundin. Er berät sich mit seinen Kollegen, denen nichts aufgefallen ist. Nach dem Unterricht nimmt er Mareike zur Seite und fragt sie nach ihrem Befinden. Mareike weint und erzählt, dass sie sich ein paar Mal geschnitten hat. Der Lehrer lässt nicht locker, und Mareike spricht über die Verhältnisse zu Hause. Es gibt viel Streit, weil der ältere Bruder Drogen nimmt. Der Lehrer vereinbart einen neuen Termin für die nächste Woche, auch wieder nach dem Unterricht. Mareike berichtet, dass es zu Hause weniger Streit gibt. Sie schneidet sich nicht mehr. Ein paar Wochen später fragt der Lehrer noch einmal nach. Es geht ihr ein Stück besser.

Viele Pubertätsprobleme entziehen sich jedoch der Wahrnehmung. Auf den ersten Blick scheint nicht viel vorzuliegen. Die Signale sind nicht sehr beunruhigend, aber bei gründlicher Befragung zeigt sich, dass viel mehr dahinter steckt.

Doch mehr dahinter
Jeanne geht in die dritte Klasse der VWO.[7] *Sie ist eine ruhige Schülerin, die in der Klasse nicht auffällt. Sie hat einen zuverlässigen Freundinnenkreis und ist eine Schülerin mit durchschnittlichen Leistungen. Sie gibt nie Anlass zur Sorge. Nach den Osterferien lassen ihre Leistungen recht plötzlich nach, sie bekommt viele »ungenügend« und ist ein paar Mal zu spät zur Schule gekommen. Der Klassenlehrer spricht sie auf dem Gang an und bittet sie in sein Zimmer. Dort sagt er ihr, ihm sei aufgefallen, dass es ihr auf einmal nicht so gut zu gehen scheint, und fragt sie, ob mit ihr etwas nicht in Ordnung sei. Jeanne weint und weiß nicht viel zu sagen. Der Klassenlehrer lässt nicht locker und fragt, wie es dazu kam, dass sie ein paar Mal zu spät in die Schule gekommen sei. Zögernd erzählt sie, sie habe manchmal große Angst, das Haus zu verlassen. Sie steht morgens sehr früh auf, um ihre Schulsachen zu richten. Sie macht das sehr genau in einer strikten Reihenfolge, aber dann wird sie doch nicht rechtzeitig fertig und hat Angst, aufs Fahrrad zu steigen, Angst, dass sie einen Unfall haben könnte.*

---

[7] VWO: voorbereidend wetenschappelijk onderwijs, führt zum Abschluss mit Berechtigung zum Universitätsstudium.

Der Klassenlehrer findet, dass Jeanne Hilfe braucht und fragt, ob sie einverstanden ist, wenn er sich mit einem Kollegen bespricht. Jeanne leugnet zunächst die Ernsthaftigkeit, muss aber später doch zugeben, dass es in den letzten Wochen viel schlimmer geworden ist.

Die meisten Jugendlichen lassen es die Erwachsenen in ihrer Umgebung merken, wenn es ihnen nicht gut geht. Oft geschieht das nicht direkt. Ein Jugendlicher wird nicht *einfach* auf einen Erwachsenen zugehen, um mit ihm über seine Probleme zu sprechen.

Zaudern

Tim geht in die zweite Klasse der Realschule. Nach der letzten Stunde am Freitag, Erdkunde bei Herrn Berg, bleibt er etwas länger im Klassenzimmer. Heute steht er in der Nähe des Pults, wo Herr Berg seine Sachen packt. Tim redet nicht, steht da, halb Herrn Berg zugewandt, aber er schaut auch zur Tür des Klassenzimmers. Der letzte Schüler ist gegangen. Tim ist allein im Klassenraum und denkt, er solle etwas sagen, weiß aber nicht, was. Alles erscheint ihm dumm. Er sieht, dass sein Schnürsenkel locker ist, und kniet nieder, um ihn zu binden. Herr Berg ist mit dem Einpacken fertig und sieht Tim. Er bleibt einen Moment stehen und geht dann mit der Tasche zur Tür. »Was wirst du am Wochenende machen, Tim?« Der richtet sich unmittelbar auf. »Ich weiß nicht, Herr Berg.« Er schweigt, und gerade, als Herr Berg zur Tür gehen will, sagt er: »Meine Mutter liegt im Krankenhaus, wir werden sie vermutlich besuchen.«

Manchmal kommen Signale von Klassenkameraden oder von Freunden und Freundinnen, die oft auffallend gut über die Probleme anderer Kinder Bescheid wissen. Sie sind häufig die Ersten, die einen Lehrer oder ein Elternteil über die Probleme des Freundes oder der Freundin ins Vertrauen ziehen.

Eine breite Skala mehr oder weniger normalen Verhaltens, das in der Regel nicht mit seelischen Problemen in Verbindung gebracht wird, kann auf mögliche ernsthafte Schwierigkeiten beim Jugendlichen hinweisen:
- Vernachlässigung des Äußeren
- Äußerungen über Unbehagen (im Aufsatz oder Referat)
- plötzliche Verschlechterung der Schulleistungen
- Lustlosigkeit
- Abmagern
- Stehlen und Lügen

- Abbrechen von Freundschaften
- Schuleschwänzen
- verfrühte sexuelle Beziehungen
- Alkohol- und Drogenkonsum
- Fehlzeiten in der Schule

Alle diese Signale weisen an sich nicht zwingend auf Probleme hin, und viele Jugendliche zeigen ein solches Verhalten, ohne dass es sich um eine ernst zu nehmende seelische Störung handelt. Die Pubertät ist schließlich auch ein Altersabschnitt des Experimentierens und Ausprobierens, des Aufsuchens der Grenzen und des Herausforderns der Autorität. Vieles von diesem Verhalten kann man gut als Ausdruck dieser Entwicklung verstehen und es braucht nicht ohne weiteres auf ernsthafte Schwierigkeiten hinzuweisen. Doch kann eine plötzliche Verhaltensänderung des Jugendlichen ein wichtiges Signal sein. Auch mehrere Signale aus verschiedenen Richtungen machen es wahrscheinlicher, dass mehr dahintersteckt, wenn zum Beispiel mehrere Lehrer in der Schule dieselbe Sorge aussprechen. Auch weiß die Schule oft mehr über den Hintergrund der Familie, aus welcher der Jugendliche stammt, oder über frühere Probleme.

Was tun?

Die Erfahrung zeigt, dass es wichtig ist, als Erwachsener die Initiative zu ergreifen und aktiv auf den Jugendlichen zuzugehen, um ein Gespräch in die Wege zu leiten.

> **Initiative**
> *Florian besucht die zweite Klasse der Realschule. Er hat einen Aufsatz geschrieben. Der handelt vom Recht auf den selbst gewählten Tod. Florian beschreibt das Leben eines traurigen Jugendlichen, der schließlich vom Dach eines Hochhauses springt, weil er nicht mehr in einer Welt des Krieges, des Leidens von Tieren und der Kindesmisshandlung leben will. Der Lehrer bittet ihn nach dem Unterricht, noch dazubleiben, und fragt ihn, ob dieser Aufsatz mit ihm zu tun habe. Florian erschrickt sichtlich und streitet vehement ab, dass es um ihn gehe. Der Lehrer lässt nicht locker. Florian berichtet daraufhin, dass er das Material für seinen Aufsatz in einem Buch auf dem Schreibtisch seiner Mutter gefunden habe. Er fand es interessant, konnte sich aber weiter nichts darunter vorstellen. Der Lehrer bedankt sich erleichtert für diese zusätzliche Information.*

Wenn der Jugendliche schon älter ist – sechzehn plus –, hat er selbst bereits die Möglichkeit, die Initiative zu ergreifen, aber auch er erwartet, dass der Anstoß von den Erwachsenen kommt – und bei Licht besehen, hat er Recht. Jugendliche sind bereit, über ihre Probleme zu sprechen, vorausgesetzt, sie werden auf eine nicht verurteilende oder kontrollierende Weise danach gefragt. Natürlich berichten sie auf dem Niveau ihrer Entwicklung. Von einem Dreizehnjährigen hört der Erwachsene eine ganz andere Geschichte als von einem Siebzehnjährigen.

Die Initiative zu ergreifen – was bei vielen Jugendlichen die einzige Art ist, ins Gespräch zu kommen – ist für viele Erwachsene ein großer Schritt, dem sie gerne aus dem Weg gehen, weil sie sich davor scheuen.

Zehn Ausreden, um ein Gespräch mit dem Jugendlichen zu vermeiden:

1. *Mit Jugendlichen ist nicht zu reden.*
2. *Wenn etwas los ist, kommen sie schon von alleine.*
3. *Sie wollen nur mit Gleichaltrigen darüber reden.*
4. *Das ist Aufgabe von Eltern und Fachkräften.*
5. *Das geht schon vorbei, das ist die Pubertät.*
6. *Aufmerksamkeit macht es nur noch schlimmer.*
7. *Hat ein Jugendlicher denn überhaupt Probleme?*
8. *Regeln sind besser als reden.*
9. *Zu meiner Zeit wurde auch nicht geredet.*
10. *Sie machen doch nicht mehr, was man ihnen sagt.*

Im Gespräch mit Erwachsenen (zum Beispiel mit den Eltern) über deren eigene Pubertät fällt auf, dass sie selbst es in dieser Lebensphase sehr geschätzt hätten, wenn sie mit jemandem hätten reden können, wenn etwas schief gegangen war oder es zu Hause Schwierigkeiten gegeben hatte. Zu viele Erwachsene haben das in ihrer eigenen Pubertät vermisst. Erwachsene, die zum Beispiel auf einige Gespräche in der Pubertät mit einem Lehrer in der Schule oder einen Trainer im Sportverein zurückblicken können, erinnern sich oft mit großer Anerkennung daran. Sie fühlten sich ernst genommen und verstanden, und nicht selten erwiesen sich ein paar Gespräche als ein Wendepunkt.

Aus mehreren Gründen ist es für einen Erwachsenen ein großer Schritt, mit einem Jugendlichen ein Gespräch zu beginnen. Die Angst, durch eine sarkastische Reaktion wegen seiner Besorgnis abgewiesen zu werden, ist ein häufiger Gedanke, aber auch die Angst, durch den Jugendlichen mit der eigenen Pubertät konfrontiert zu werden, ist nicht weit hergeholt. Die Angst, von einem Jugendlichen ins Vertrauen gezogen und dadurch in die Pubertätsprobleme hineingezogen zu werden, spielt nicht selten auch eine Rolle. Was soll man mit einem Jugendlichen anfangen, der einem seine Suizidalität anvertraut? Wie viele Gespräche muss man mit einem jungen Menschen über seine aussichtslose häusliche Situation führen? Viele Erwachsene fürchten, in eine ohnmächtige Position zu geraten, und vermeiden daher das Gespräch. Aber auch die Tatsache, dass Jugendliche Erwachsene stark verherrlichen und bewundern (was bis zu stalking-artigen Erscheinungen führen kann), lässt die Erwachsenen manchmal im Kontakt mit ihnen zurückhaltend sein. Wie wird man so jemanden wieder los?

Wahrnehmen und Einschätzen

Das Wahrnehmen von Problemen Jugendlicher bedeutet noch nicht, dass etwas so schief gelaufen ist, dass professionelle Helfer eingreifen müssen. Die Beispiele zeigten schon, dass Pubertätsprobleme manchmal ernsthaft erscheinen und bei den Erwachsenen zu großer Besorgnis führen, aber eine ernst zu nehmende Problematik dann doch nicht vorliegt. In der Mehrzahl der Fälle kann ein erfahrener Ratgeber oder ein anderer Erwachsener im Umkreis des Jugendlichen mit einigen wenigen Gesprächen die Situation erleichtern. Auch umgekehrt ist es eine bekannte Tatsache, dass eine ernst zu nehmende Problematik, die professioneller Hilfe bedarf, sich nicht immer auffallend bemerkbar macht.

Für die Erwachsenen in der Umgebung des Jugendlichen stellt sich oft die dringliche Frage: Wann müssen wir uns wirklich Sorgen machen, und wann handelt es sich lediglich um pubertäres Verhalten, das von selbst vorübergeht?

Die Depression ist ein gutes Beispiel für diese Schwierigkeit. Wenn ein Jugendlicher klagt, er fühle sich oft sehr depressiv, ist es nicht leicht herauszufinden, ob es sich um eine trübe Stimmung handelt, die zur Pubertät gehört und eine normale Erscheinung ist, oder ob eine Depression vorliegt, die behandelt werden muss. Am Verhalten des Jugendlichen kann man das nicht ablesen, und auch ein Gespräch mit ihm gibt darüber wenig Aufschluss. Jugendliche sind nicht immer offen für die Ernsthaftigkeit ihrer Probleme, weil Scham und Angst vor den Folgen sie oft unzugänglich machen. Auch ist ihre Gefühlswelt nicht stabil: Stimmungsschwankungen sind in der Pubertät eine bekannte Erscheinung. Die Ernsthaftigkeit der depressiven Probleme zu beurteilen, ist daher nicht einfach.

Es bedarf weiterer Informationen, um den Ernst der Situation beurteilen zu können. Manchmal sind sie direkt vorhanden, wenn über den Hintergrund des Jugendlichen, seine Familie und seine Vorgeschichte bereits etwas bekannt ist. Aber sehr oft ist das nicht der Fall, und nicht selten sind die Hintergrundinformationen wenig zuverlässig. Das unerwünschte Ergebnis sind zu schnell gezogene Rückschlüsse.

Voreilige Intervention

Jessica – dreizehn Jahre alt – hatte beim Kinderarzt auf dem Fragebogen angegeben, sie habe schon einmal Stimmen gehört. Im Gespräch mit dem Arzt bestätigte sie das noch einmal. Sie sagte auch, ihr Bruder sei depressiv. Der alarmierte Arzt stellte weiter Fragen zu ihrer Familie. Die Mutter ginge schon seit Jahren zum Therapeuten, und der Vater ist seit einigen Monaten arbeitslos. Jessica hatte in der Grundschule schon ein paar Mal Gespräche mit der Jugendhilfe. Der Arzt schlug die Konsultation eines Psychiaters vor. Der Kinderpsychiater machte – übrigens ohne mit Jessica gesprochen zu haben – den Vorschlag, sie zur Beobachtung in einer Kinder- und Jugendlichen-Klinik aufzunehmen. Dort stellte sich schon bald heraus, dass, abgesehen von einer belastenden Situation zu Hause, bei ihr nichts Ernsthaftes vorlag. Das Verhalten des Arztes und des Psychiaters waren von diesem Moment an ihr größtes Problem.

Außer einer Problemeinschätzung, die für die Beurteilung der Situation des Jugendlichen nur von begrenztem Wert ist, ist also eine umfassendere Bewertung notwendig und möglich. Diese kann als Indikation dienen, um eventuel professionelle Hilfe zu beanspruchen. Die Gesamtbeurteilung richtet sich nicht auf die mitgeteilten Probleme, sondern mehr auf die Pubertät als Entwicklungsphase.

Deshalb ist es wichtig, die Diagnose nicht auf ein einzelnes, sondern mindestens zwei, am Besten drei Gespräche zu stützen. Nur im Falle einer akut bedrohlichen Situation duldet ein Einschreiten keinen Aufschub. Es ist jedoch auffallend, dass Pubertätsprobleme fast immer mit dem Gefühl großer Dringlichkeit angekündigt werden, und es ist oft vernünftig, nicht unmittelbar darauf einzugehen. Gerade eine Vorgehensweise mit ein paar Gesprächen kann schon viel Beruhigung bewirken. Ein direktes Eingreifen ist nur in einer akut bedrohlichen Situation notwendig.

Aus Erfahrung lernen

Die Pubertät ist eine Entwicklungsphase, die das Kind nicht nur mit neuen Herausforderungen auf dem Gebiet der psychosexuellen, kognitiven und narzisstischen Entwicklung konfrontiert, sondern sie hat auch die Funktion eines Zwischenschritts auf dem Weg zum Erwachsensein. In der Pubertät wird – manchmal sehr schmerzlich – deutlich, auf welchen Gebieten der Jugendliche sich gut entwickelt und wo er in Rückstand oder gar Stillstand geraten ist. In keiner anderen Lebensphase wird diese Prüfung so unerbittlich abgelegt. In der Kindheit sind die Kinder in die Familie eingebettet und werden durch die Fürsorge der Eltern und die Fähigkeit beschützt, sich auch unmöglichen Situationen anzupassen. In der Pubertät fällt diese Sicherheit zum Teil weg, und der Jugendlichen muss mehr aus eigener Kraft viele Entwicklungsaufgaben zu einem guten Ende bringen.

Allgemein gilt, dass, wenn ein Jugendlicher frühere Entwicklungsphasen erfolgreich durchlaufen hat, die Pubertät eine viel weniger riskante Entwicklungsstufe ist als für den denjenigen, der – aus verschiedenen Gründen – schon mit einer bestimmten Belastung in die Pubertät hineingeht. Das Ergebnis gut bewältigter Entwicklungsaufgaben, die Lackmusprobe einer gelungenen Pubertät, ist die Feststellung, ob der Jugendliche im Stande und auf dem Weg ist, aus Erfahrung lernen zu können. In dem Kapitel über die kognitive Entwicklung wurde das Mentalisieren als *eines* der Fundamente der psychischen Entwicklung beschrieben. In der Pubertät entwickelt sich diese Fähigkeit weiter und wird zu einem Schlüsselbegriff für die Beschreibung der Möglichkeiten, die Jugendliche haben, um aus Erfahrung zu lernen.

Eine Stagnation oder ein Konflikt auf einem der wichtigen Entwicklungsgebiete macht das Lernen aus Erfahrung problematisch. Dass ein Jugendlicher aus Erfahrung lernen kann, ist eine andere Art zu sagen, Jüngere seien fähig, sich auf der Grundlage dessen, was das Leben bietet, weiterzuentwickeln und dass sie von einer helfenden Hand Gebrauch machen können und auch begreifen, dass emotionale Beziehungen die Grundlage menschlichen Verhaltens bilden.

Aus Erfahrung lernen

Jugendliche, die aus Erfahrung lernen können, sind zunehmend im Stande:

1. *über eine Beziehung nachzudenken*
2. *sich bewusst zu machen, dass andere eine Meinung über sie haben*
3. *sich eine Vorstellung von den Gefühlen des Anderen zu machen*
4. *eigenes Verhalten und das eines Anderen als Ausdruck eines inneren Zustandes zu sehen.*

Bei Jugendlichen sind diese Fertigkeiten noch voll in der Entwicklung, und sie befinden sich oft in einer heiklen Lage: Manchmal ist er ein abhängiges Kind, das seine Eltern bitter nötig hat, um sich vor einer bösen Außenwelt zu verstecken, dann wieder ist er ein selbständiges Wesen, das zunehmend wichtige Entscheidungen zu fällen und eigene Verantwortung zu übernehmen vermag. Manchmal ist das junge Mädchen ein Kicherlieschen, das einem Kind aus der Grundschule ähnlich ist, dann wieder ein selbstbewusstes Mädchen, das es prima findet, sich auf Diskussionen einzulassen.

Doch finden sich im Gespräch mit den Jugendlichen deutliche Hinweise darauf, ob sie auf dem Weg sind, aus Erfahrung zu lernen. Sie sind zunehmend fähig:

- von einem Gespräch zu profitieren: Die Jugendliche legt Wert auf das Gespräch. (Sie will das nicht aussprechen, sondern es ergibt sich aus non-verbalem Verhalten, zum Beispiel den Lehrer grüßen [Schule], sich neben jemanden auf die Couch setzen [zu Hause].)
- ein Gefühl der Gegenseitigkeit herzustellen: Handelt es sich um einen Kontakt mit der Jugendlichen? Versteht der Erwachsene, worüber die Jugendliche spricht? Ist es einfühlbar? Hat der Erwachsene das Gefühl, dass die Jugendliche versteht, was gesagt oder vereinbart wurde?
- auch einmal vorübergehend Abhängigkeit zuzulassen: Will manchmal als erwachsener Mensch behandelt werden und ist allergisch gegen Bevormundung, aber am nächsten Tag soll ihre Mutter das Pausenbrot für sie schmieren.
- offen auch ein bisschen an sich zu zweifeln: Wenn ein/e Jugendliche/r das im Gespräch fertig bringt, ist er/sie wirklich auf dem rechten Weg.
- über die eigenen Grenzen zu wachen: Kann in Beziehungen zu Freunden für sich eintreten, kann sich anpassen, aber nicht um jeden Preis, erträgt ein bisschen Alleinsein.

- nicht immer den bequemsten Weg wählen zu wollen: Hat manchmal eine Anschauung oder einen Standpunkt, für den man bereit ist einzutreten.
- nicht bange vor ihrer Angst zu sein: Angst bis zu einem gewissen Grad tolerieren können, ist ein wichtiger Maßstab für die psychische Entwicklung.
- Verlegenheit und Scham zu akzeptieren: Auch hier gilt, dass ein unbequemes Gefühl ertragen zu können, ohne es gleich abzustellen oder in Verhalten umzuwandeln, ein wichtiger Maßstab für die Entwicklung der Jugendlichen ist.

Nach ein oder zwei Gesprächen kann der Berater oder Erwachsene, indem er es für sich reflektiert, untersuchen, inwieweit die aufgeführten Merkmale erfüllt sind. Diese Merkmale sind zuverlässige Hinweise auf die Entwicklung des Jugendlichen. Je weniger in einem Gespräch darauf hindeutet, desto mehr scheint die Entwicklung des Jugendlichen gefährdet zu sein und desto größer ist die Aussicht, dass eine Überweisung in professionelle Hilfe angezeigt ist.

Beurteilen und diagnostizieren

In der Psychotherapie hat sich die Verwendung von Klassifikationssystemen zur Benennung von Störungen allgemein eingebürgert. Am Gebräuchlichsten sind die Kriterien des DSM-IV.[8] Das DSM ist ein Klassifikationssystem, das mittels eines mehrachsigen Systems alle psychischen Beschwerden und Probleme des Menschen kategorisiert. Krankheitsbilder werden an Hand wahrnehmbarer Symptome beschrieben, die für eine bestimmte Dauer mit oder ohne andere Merkmale vorliegen müssen.

Die Verwendung von DSM-IV bietet den großen Vorteil, dass für Diagnostik und Psychopathologie eine einheitliche Sprachregelung getroffen ist. Das sorgt für Klarheit und eindeutige Kommunikation. Auch den Untersuchenden ist klar, dass ein einheitliches Klassifikationssystem große Vorteile bietet, weil die Untersuchung systematisch verglichen werden kann. Die Mehrachsigkeit des DSM macht es möglich, den Patienten auf meh-

---

8 DSM = Diagnostic and Statistical Manual (Diagnose-Katalog). In Deutschland gilt die ICD = International Classification of Diseases, die im großen Ganzen dem DSM entspricht.

reren Ebenen zu beschreiben: Symptome, Persönlichkeit, Gesundheit und Lebensumstände.

Es gibt auch das eine oder andere am DSM-IV zu beanstanden. So beschreibt es nur Symptome, die im Moment der Diagnostik festzustellen sind. Die Entstehungsgeschichte, die Faktoren, die zu den Beschwerden beitragen, frühere Beschwerden und Probleme werden mit diesem System nicht erfasst. Das DSM ist auch ein kategoriales System, das heißt, entweder man hat eine Diagnose oder man hat keine. Es gibt keinen Raum für fließende Übergänge zwischen Beschwerden/Symptomen und Persönlichkeitsproblemen/Störungen. Auch für relative Übergänge zwischen normalem und gestörtem Funktionieren ist wenig bis kein Raum. Der wichtigste Nachteil ist jedoch, dass das DSM-IV zwar eine zuverlässige Klassifikation der Symptome bietet, aber nichts bis wenig über den Patienten aussagt. Es stellt eine rein medizinische Betrachtungsweise psychischer Probleme dar.

Für eine richtige Diagnose ist nicht nur die Klassifikation der Symptome notwendig, sondern auch eine Persönlichkeitsdiagnose. Bei der Diagnostik geht es nicht nur um die Feststellung einer Störung, sondern auch um die Beurteilung der starken und gesunden Seiten der Persönlichkeit und um die Möglichkeiten, die jemand hat, sich zu ändern oder von der Beratung/Psychotherapie zu profitieren.

Wenn es eine Altersgruppe gibt, in der die Verwendung des DSM-IV die Erwartungen nicht erfüllt, ist es die der Jugendlichen. Das DSM-IV nimmt das oft stabile Bild des Erwachsenen als Ausgangspunkt, und ein auffallendes Kennzeichen der Probleme und Symptome der Jugendlichen ist gerade deren bizarrer Charakter. Obwohl es sicher Jugendliche gibt, welche die Kriterien des DSM-IV erfüllen, ist bei der Mehrzahl das psychopathologische Bild nicht so eindeutig. Ein Jugendlicher, der sich mit depressiven Gefühlen herumschlägt, kommt für die Diagnose Depression erst in Betracht, wenn das Kernsymptom (die depressive Stimmung) wenigstens sechs Wochen ohne Unterbrechung vorliegt. Aus der klinischen Praxis ist bekannt, dass bei weitem nicht alle depressiven Jugendlichen dieses stabile Bild erfüllen. Oft zeigen sie ein weniger stabiles Beschwerdebild, in dem sich depressive Einbrüche mit Tagen, manchmal sogar Wochen abwechseln, in denen von der Depression nicht viel zu merken ist. Die depressive Stimmung hält nicht so lange an wie bei Erwachsenen.

Eine zweite auffallende Tatsache (übrigens nicht nur bei Jugendlichen) ist die hohe Komorbidität mit zahlreichen Störungen. Das heißt – um beim

Beispiel Depression zu bleiben –, die Jugendlichen kommen nicht nur für die Diagnose Depression in Betracht, sondern erfüllen gleichzeitig auch die Kriterien einer anderen Diagnose des DSM-IV. Die Depression wird in 70-80% der Fälle von Angst- und Verhaltensstörungen begleitet. Das heißt, der überwiegende Anteil Jugendlicher mit beispielsweise einer Verhaltensstörung kommt auch für die Diagnose Angststörung oder Depression in Betracht.

Ein drittes Merkmal der Psychopathologie bei Jugendlichen ist der oft wechselhafte Charakter der Symptome. Manche Jugendliche zeigen ein stabiles Beschwerdebild, aber viel öfter konfrontieren sie ihre Umgebung damit, dass sie zum Beispiel am Montag depressiv sind, sich am Dienstag nicht in die Schule trauen und am Mittwoch wegen schlechten Betragens aus der Klasse geschickt werden.

Diese drei Merkmale machen das diagnostische Bild des Jugendlichen komplex und sprechen für eine erweiterte Diagnose, in die nicht nur die Symptome und Klagen einbezogen werden, sondern eine Beurteilung der Gesamtpersönlichkeit vorgenommen wird.

Das folgende Schema erlaubt, auf der Grundlage der folgenden drei Fragen: a) Welcher Art und wie ernsthaft ist die Problematik? b) Was kann man tun? c) Wer kann was tun?, einen Behandlungsplan aufzustellen.

Häufig vorkommende Probleme

Gerade weil die Diagnostik in traditionellem Sinn in der Pubertät auf zahlreiche Schwierigkeiten stößt, ist es naheliegend, häufig vorkommende Probleme und Störungen in zwei großen Gruppen zu besprechen. Die meisten Fachleute auf dem Gebiet der Kinder- und Jugendlichen-Psychotherapie unterscheiden bei den Jüngeren drei große Problemgruppen: Entwicklungsstörungen, autoplastische und alloplastische Störungen.

Die Entwicklungsstörungen nehmen ein breites Spektrum ein, von denen die autistische Störung, das Asperger-Syndrom und die dem Autismus verwandte Kontaktstörung drei der wichtigsten sind. Entwicklungsstörungen werden meistens in der Kindheit diagnostiziert. Eltern und Kinder haben oft schon eine jahrelange Beratung hinter sich, bevor die Pubertät diesen Störungen eine neue Wendung gibt. Bei der Diagnostik von Jugendlichen ist es wichtig, die folgenden Kriterien zu kennen oder zu versuchen, sie ausfindig zu machen:

Aktualität

I Gegenwärtige Probleme und Symptome (Klassifikation)

II Aktuelle Situation zu Hause, in der Schule, mit Freunden

1. Qualität der Familie

2. Qualität der Beziehungen mit Gleichaltrigen

3. Qualität der Schule

Entwicklungsfaktoren

III Aspekte der psychischen Entwicklung

1. psychosexuelle Entwicklung

2. kognitive Entwicklung

3. Entwicklung der Objektbeziehungen

4. narzisstische Entwicklung

IV Psychodynamik

1. innere Konflikte/kognitiver Stil

2. Qualität der Abwehr/des Bewältigungsverhaltens

3. Labilität der psychischen Entwicklung

V Unveränderliche Persönlichkeitsmerkmale

Vorgeschichte

VI Genese der Beschwerden

1. psychodynamischer Lebenslauf (Meilensteine der Entwicklung, Trauma, Krankheiten und Verluste)

2. transgenerationelle Aspekte

Bei autoplastischen Prozessen wendet sich der Jugendliche vor allem nach innen. Es handelt sich hauptsächlich um emotionale und kognitive Symptome, wie Depression, Angst, Zwang und psychosomatische Erkrankungen, zum Beispiel Anorexia nervosa und Bulimie. Die Symptome hängen oft miteinander zusammen. Jugendliche, die unter depressiven Gefühlen leiden, klagen auch öfter über Angst und Panik, Essstörungen und andere psychosomatische Beschwerden. Der den autoplastischen Störungen zugrunde liegende Faktor ist »Distress«, d.h. seelischer Schmerz, Leid und Kummer.

Bei alloplastischen Störungen wendet sich der Jugendliche mehr nach außen. Dazu gehören vor allem Verhaltensstörungen, wie oppositionelles Verhalten, Vandalismus, Alkohol- und Drogenmissbrauch und Delinquenz. Auch hier besteht oft ein Zusammenhang zwischen den Symptomen. Jugendliche mit starkem Drogenkonsum kommen zum Beispiel öfter mit der Justiz in Berührung. Wenn sie sich wenig an die Regeln halten, zerstören sie auch öfter etwas. Der den alloplastischen Störungen zugrunde liegende Faktor ist ein Mangel an Impulskontrolle.

Manche Jugendliche passen in mehrere Kategorien. Mitunter ist kriminelles Verhalten für sie eine Methode, sich weniger depressiv zu fühlen. Bei depressiven Jugendlichen besteht ein größeres Risiko, dass sie anfangen zu kiffen. Und mit einer Kontaktstörung im Hintergrund können sie eine Verhaltensstörung entwickeln.

Entwicklungsstörungen

Diese Störungen werden meist bereits in der Kindheit bemerkt, weil diese Kinder im Kontakt mit ihren Eltern so anders sind. Schlimmstenfalls gelingt es diesen Kindern nicht oder nur mangelhaft, eine Verbindung mit ihrer Umgebung herzustellen. Manchmal entwickelt sich die Sprache nicht richtig, oder die Sprachäußerungen sind stereotyp. Auch das Spielen bleibt oft mechanisch, und die Fantasie oder das symbolische Spiel kommen nicht in Gang. Die Entwicklungsstörungen sind oft von Geburt an vorhanden, können aber in manchen Fällen auch erst nach ein paar Jahren auftreten. In diesem Fall lässt sich ein ernsthafter Rückschritt der kommunikativen Fertigkeiten wahrnehmen. Bei manchen Entwicklungsstörungen handelt es sich nicht um eine reduzierte Sprach- oder kognitive Entwicklung, sondern um eine deutliche Kontaktstörung. Dabei geht es um die Unfähigkeit zu adäquatem Kontakt mit Gleichaltrigen. Es scheint kein Interesse zu bestehen, mit anderen gemeinsam etwas zu unternehmen, und soziale und emotionale Wechselseitigkeit fehlen in auffälliger Weise. Auch gibt es oft ein spezifisches oder übertriebenes Interesse an bestimmten Themen. In der Pubertät sind diese Kinder oft Einzelgänger und finden kaum bis keinen Anschluss an Gleichaltrige. Computer sind für sie oft ein Fluchtpunkt, hinter dem sie sich vor der Außenwelt, die sie immer weniger begreifen, verschanzen. Wegen der Unfähigkeit zu wechselseitigem Kontakt findet sich bei diesen Kindern wenig Empathie für andere Jugendliche, weshalb im Umgang mit ihnen sexuelle Grenzüberschreitungen vorkommen können. Diese Jugendlichen machen oft einen merkwürdigen Eindruck, weil sie sich nicht für die normalen Dinge der Pubertät interessieren.

Autoplastische Störungen

Aus einer Reihe von Studien hat sich ergeben, dass die Hälfte der Jugendlichen sich manchmal so depressiv fühlt, dass sie es nicht schlimm fänden, am nächsten Tag nicht mehr zu leben. Demnach sind Depression und Angst die häufigsten Probleme in der Pubertät. Fast alle Jugendlichen machen Erfahrungen mit depressiven und ängstlichen Gefühlen. Das ist im Prinzip gesund und fördert die Entwicklung. Angst hilft den Jugendlichen, schwierigen Situationen die Stirn zu bieten und allzu schwierige Situationen zu vermeiden. Angst vor Strafe und Scham sind ein wichtiger Kompass für soziale Beziehungen. Jugendliche, die diese Gefühle nicht kennen, gehen unverantwortliche Risiken in ihrem Leben ein. Auch für depressive Gefühle gilt, dass sie in einem gewissen Umfang eine wichtige Funktion erfüllen, indem sie das psychische Gleichgewicht erhalten. Wenn Jugendliche Rückschläge und Enttäuschungen verarbeiten müssen, sorgen die depressiven Gefühle dafür, dass sie sich zurückziehen, um sich von der schmerzlichen Erfahrung zu erholen. Diese Gefühle von Angst und Depression haben also eine wichtige positive Funktion. Aber wenn sie überhand nehmen, beeinträchtigen sie das Funktionieren des Jugendlichen, und es besteht das Risiko, dass daraus eine depressive Angststörung wird. Das geschieht nicht von heute auf morgen, sondern ist ein allmählicher Prozess, bei dem viele Faktoren eine Rolle spielen.

Ein wichtiger Faktor ist neben der autoplastischen die alloplastische Dimension. Jugendliche mit hohen Werten in dieser Dimension sind geneigt, bei Angst und Depression eine Lösung in der Außenwelt zu suchen, und sie werden aktiv versuchen, ihre Verhältnisse zu verändern. Gehemmte Jugendliche mit niedrigen Werten haben die Neigung, Angst und depressive Gefühle zum Beispiel durch Rückzug zu vermeiden. Introvertierte Menschen entwickeln also eher Depression und Angst als extrovertierte.

Als psychosomatische Störungen sind für eine kleine Gruppe, meist Mädchen, Anorexia nervosa und Bulimie relevant. Obwohl fast alle Mädchen – nicht selten zu einer gewissen eifersüchtigen Besorgtheit ihrer Mütter – glauben, zu dick zu sein, kommen Essstörungen in der Pubertät relativ selten vor (weniger als ein Prozent). Doch finden sich mehr als siebzig Prozent der Mädchen in der Pubertät zu dick, und dreißig Prozent mit Normalgewicht sind überzeugt, sie seien nach medizinischen Kriterien zu schwer.[9] Seit den achtziger Jahren des vorigen Jahrhunderts sind Essstörungen stark ins Interesse der Öffentlichkeit gelangt. Viele Idole der Adoleszenten gaben zu, ein Essproblem zu haben oder gehabt zu haben, wodurch Essstörungen sogar in Mode kamen. Übergewicht scheint gegenwärtig in der Pubertät einen herausragenderen Platz einzunehmen. Der Prozentsatz der Jugendlichen, die sich mit Übergewicht herumschlagen, ist in den letzten zehn Jahren beständig angestiegen. Aus der Persönlichkeitsforschung ist inzwischen deutlich geworden, dass diese Jugendlichen den Körper als Bühne benutzen, um ihre Konflikte rund um ihre Entwicklung darzustellen. Vor allem Konflikte mit Separation, Kontrolle und Sexualität stehen dabei im Mittelpunkt.

Alloplastische Störungen

Diese Probleme sind auffälliger als die autoplastischen. Die Erwachsenen und die Umgebung haben mehr Schwierigkeiten mit einer Gruppe von Vandalen als mit ängstlichen Jugendlichen. Die moderne Persönlichkeitsforschung ist zu dem Ergebnis gekommen, dass die Disposition zu Verhaltensstörungen eng mit der Dimension Introversion/Extroversion zusammenhängt. Jugendliche mit hohen Werten in der Dimension Extroversion sind auf die Außenwelt orientiert und aktiv sowie schnell gelangweilt und immer auf der Suche nach neuen Reizen. Sie finden es schwierig, den ganzen Tag still zu sitzen, und wenn sie etwas wollen oder Lust zu etwas haben, sind sie geneigt, unmittelbar zur Tat zu schreiten. Sie finden es toll, etwas für einen »Kick« zu unternehmen. Sie probieren auch gerne etwas aus und testen ihre eigenen Grenzen und die anderer. Sie brauchen ein starkes Bremssystem, um nicht eine Menge Probleme, die vor allem mit mangelhafter Impulskontrolle zu tun haben, auf sich zu ziehen. Schon in der Kindheit ist deutlich, dass solche Kinder mehr Struktur und Regeln brauchen als Kinder mit niedrigen Werten in dieser Persönlichkeitsdimension. Und sie verlangen auch mehr von ihren Eltern. Sobald in der Pubertät die elterliche Autorität als beschützender Faktor teilweise wegfällt, bekommen diese Jugendlichen Probleme, wenn sich zeigt, dass sie in der Kindheit unzureichende innere Hemmungen aufgebaut haben, um ihrem impulsiven und sensationshung-

---

9 Laut der BRAVO-Studie (Heft 21 vom 13. Mai 2009) sind 54 Prozent der jungen Mädchen mit ihrem Gewicht zufrieden. Über das Gefühl, zu dick zu sein, fehlen die Angaben.

rigen Verhalten zu widerstehen. Das Ziel der Behandlung dieser Probleme ist, den Jugendlichen ein besonderes Instrumentarium an die Hand geben, mit dem sie ihr Sozialverhalten stärken können. Dies ist durch eine stärkere Bindung an Familie, Schule und Peergroup möglich.

Hintergründe von Pubertätsproblemen

Für die Störungen in der Pubertät gibt es verschiedene Hintergründe und Ursachen. Sie kommen durch das Zusammenspiel unterschiedlicher Faktoren zu Stande, wie sie hier wiedergegeben sind.

	aktuelle einschneidende Ereignisse	
Veranlagung und biologische Faktoren		Schicksale des Pubertätsprozesses
	PROBLEME UND PSYCHOPATHOLOGIE BEI JUGENDLICHEN	
Unverarbeitete Probleme aus der Kindheit		Langandauernde Problemgeschichte in der Familie

Veranlagung und biologische Faktoren

Inzwischen weiß man, dass bei zahlreichen Störungen, die auch in der Pubertät von Bedeutung sind, Vererbung eine Rolle spielt. Auf Entwicklungsstörungen haben genetische und biologische Faktoren einen großen Einfluss. Außerdem manifestieren sich diese Störungen bereits in der Kindheit, mitunter sogar im Babyalter, was eine frühe Diagnosestellung erlaubt. Manchmal wird die biologische Vulnerabilität (Anfälligkeit) erst später sichtbar, zum Beispiel bei einigen Formen von Depression und Zwangsstörungen. Das genetische Muster bringt die Anfälligkeit für diese Krankheiten mit sich. Das heißt nicht, dass der Jugendliche auch zwangsläufig diese Störungen entwickeln wird. Veranlagung und Vererbung bergen also mehr im

Hintergrund in Form von einer gewissen Anfälligkeit ein Risiko für diese Störungen.

Veranlagung und Vererbung können auch in anderer Weise eine Rolle spielen. Das Temperament, die Dimension Introversion/Extroversion des Kindes, kann unter gewissen Umständen auch Probleme mit sich bringen, wie wir das im Abschnitt über die autoplastische und alloplastische Problematik gesehen haben. Erbliche und körperliche Faktoren werden auch in der Kindheit schon sichtbar gewesen sein und haben in einigen Fällen bereits früher Anlass zu Problemen, zum Beispiel ADHS, gegeben. Die Pubertät verleiht in vielen Fällen nur der bereits bestehenden Problematik eine zusätzliche Dimension. Kinder mit ADHS sind in der Pubertät für Suchtprobleme anfällig, weil Alkohol und weiche Drogen[10] ein probates Mittel gegen die Unruhe in der Innenwelt sind.

Störungen der pubertären Reifung und damit zusammenhängende Syndrome werden so zu einer Quelle für psychischen Druck und Probleme.

Schicksale des Pubertätsprozesses

Die Pubertät kann sehr unterschiedlich verlaufen. Die körperliche Entwicklung kann spät oder früh beginnen. Sie kann kurz dauern oder sich über eine längere Zeit erstrecken, stürmisch oder ruhig sein. Von dem Gedanken ausgehend, dass biologische Prozesse einen großen Einfluss auf seelische Vorgänge haben, sind die psychologischen Folgen einer früh oder gerade spät beginnenden Pubertät Thema sehr vieler wissenschaftlicher Untersuchungen gewesen. Die Ergebnisse sind nicht immer eindeutig, aber man darf mit Sicherheit annehmen, dass ein auffallend später oder früher Pubertätsbeginn ein Risikofaktor für die Entstehung einer ganzen Palette von Problemen ist. Wenn die Pubertät sehr früh einsetzt, erweist sich das vor allem für Mädchen als Risikofaktor, während das entsprechend bei Jungen für einen verspäteten Beginn gilt. Man erklärt es damit, dass Mädchen, die früh in die Pubertät kommen, in psychischer Hinsicht noch nicht die entsprechende Reife erlangt haben und damit überfordert sind. Die späte Pubertät bei Jungen trägt vor allem wegen starker Gefühle des Versagens und Mangels zur Verletzlichkeit bei.

---

[10] Unter »softdrugs« versteht man in den Niederlanden alle Drogen, die nicht illegal sind, an erster Stelle Cannabis.

Im Kapitel über die psychosexuelle Entwicklung wurde bereits gezeigt, dass der Zusammenhang zwischen Pubertät und seelischer Störung nicht sehr deutlich ist, und es wurde darauf hingewiesen, dass psychische Faktoren die biologische Reifung beeinflussen. Trotzdem ist eine anders verlaufende Pubertät für viele Jüngere ein Risikofaktor. Die Angst, anders zu werden, die peinliche Feststellung, anders zu sein, kann das Selbstgefühl stark belasten. Jugendliche fallen am liebsten nicht auf, und genau so wollen sie mit einer unausgesprochenen Norm konform gehen.

Der Wunsch, größer zu sein

Carlo war fünfzehn Jahre alt, als er auf Drängen seiner Mutter mit seinem Klassenlehrer sprechen sollte. Das war nötig, weil er nicht mehr zum Sport kommen wollte und sich auch immer mehr absonderte. Über Umwege kam das Gespräch auf seine Größe. Carlo war der Kleinste in der Klasse. Von Pubertätsmerkmalen war bei ihm nicht viel zu sehen. Er hatte keine Schamhaare und war noch nicht im Stimmbruch. Im Sportunterricht wagte er aus Angst, die Jungen würden ihn auslachen, fast nicht, sich umzukleiden. Er fürchtete, nicht mehr zu wachsen und auch nie ein richtiger Junge zu werden. Der Klassenlehrer nahm Kontakt mit dem Kinder- und Jugendarzt auf, der ihn körperlich untersuchte, einschließlich der Handknochen, und zur großen Erleichterung versichern konnte, dass es sich bei ihm um eine verzögerte Pubertät handle und Carlo mit mindestens 1,80 Meter rechnen könne. Eine Pubertätsverzögerung hat manchmal mit psychischen Faktoren zu tun, zum Beispiel Trauer bei einschneidenden Ereignissen. Carlos Vater war vor drei Jahren bei einem Autounfall ums Leben gekommen.

Bei manchen Jugendlichen vollzieht sich der Pubertätsprozess in einem halben Jahr, während bei anderen die körperliche Reifung beispielsweise einen Zeitraum von zwei Jahren in Anspruch nimmt. Eine kurze Pubertät bringt oft heftige Emotionen und große Unsicherheit mit sich, weil der Jugendliche in sehr kurzer Zeit mit einschneidenden Veränderungen konfrontiert wird. Die Gefühle werden heftiger. Insbesondere die sexuellen und aggressiven Gefühle können stark zunehmen, wodurch der Jugendliche leicht aus dem Gleichgewicht geraten kann. Die Umgebung bemerkt dann vor allem die plötzlichen Wut- und Ohnmachtsausbrüche. Eltern sind bei weitem nicht im Stande, mit der launischen Unausgeglichenheit und den starken Gefühlsschwankungen umzugehen. Nicht selten duckt sich die Familie sehr unter den Grillen, der schlechten Laune und den Ausbrüchen des Jugendlichen. Auch für diesen selbst ist die Intensität seiner Gefühle bedrohlich. Er kann fürchten, dass sie ihn überschwemmen und er die Kontrolle über sich verliert. Im Hintergrund spielen der drohende Verlust der Selbstkontrolle und die Angst, verrückt zu werden, immer eine Rolle.

Wenn die Gefühle größer sind als man selbst

Arnold ist ein Junge von dreizehn Jahren. Nach einem Jahr mit vielen Schulproblemen, Diebstählen bei Klassenkameraden, unhaltbarem Betragen zu Hause und schließlich einer depressiven Periode ist er bei mir in Behandlung. Eine der Schwierigkeiten, mit der er sich herumschlägt und die in der Behandlung eine wichtige Rolle spielt, ist seine eingeschränkte Toleranz gegenüber Gefühlen. Sie werden schnell sehr bedrohlich. Man kann diese Angst vor dem Familienhintergrund, wo man über Gefühle wenig spricht und sie auch nicht schätzt, gut verstehen. Zu Hause gilt die Regel: Gefühle sind unangemessen und ein Zeichen von Gedankenlosigkeit und Schwäche. Die Pubertät mit vielen heftigen Gefühlen ist für Arnold eine unüberwindliche Hürde. An einem Montagmorgen erzählt er von einem Familienfest im Süden des Landes. Er war mit seinem Vater und zwei Schwestern hingegangen. Die Familie hatte für diesen Anlass einen Teil eines Feriendorfes gemietet, und am Ende des Nachmittags wurde nach langer Beratung eine komplizierte Einteilung vorgenommen, wo jeder nachts schlafen solle. Des Rätsels Lösung war schließlich, Arnold solle mit einem Onkel, der ihn gut kannte, im selben Zimmer schlafen. Er hatte keine Bedenken, und das Fest nahm seinen geselligen Verlauf. Nachts jedoch merkte er, dass er an der äußersten Kante des Doppelbetts lag. Er machte die ganze Nacht kein Auge zu: Das Bett knarrte, im Zimmer war es zu warm und immer wieder schnarchte sein Onkel. Im Gespräch konnte man gut spüren, dass die Gründe für die unruhige Nacht anderswo zu suchen waren. Spielten homosexuelle Gefühle oder Fantasien eine Rolle? Wahrscheinlich, aber Jugendliche reden nicht so gerne darüber, weil das viel zu beschämend ist. Arnolds Bericht weist jedenfalls darauf hin, dass er in der Nacht Angst hatte und dass ihn etwas beunruhigte.

Anna Freud schreibt in einem berühmten Artikel über die Angst vor dem eigenen Triebleben, der Jugendliche habe eine ungenügende innere Struktur, um sich mit den anstürmenden sexuellen Wünschen vertraut zu fühlen. Er wird voller Angst mit dem Verlust der Sicherheit konfrontiert, welche die Eltern dem Kind in der Latenzphase bieten, um seine

Wünsche und Triebe in Schach zu halten. Anna Freud fügt hinzu, dass Jugendliche ihrer sexuellen Fantasie stark misstrauen, denn viele dieser Wünsche scheinen sie noch nie vorher empfunden zu haben.

Unter dieser Perspektive kann Arnolds Bericht auf eine intensive Angst vor der Heftigkeit seiner sexuellen Gefühle hinweisen. Als Erstes fragte ich ihn, wie man – wenn man mittlerweile so groß ist – es findet, mit dem Onkel in einem Bett zu schlafen, ohne gefragt zu werden. Arnold äußert Ärger auf seinen Vater, von dem er sich bevormundet gefühlt hat. Es bleiben natürlich viele Fragen offen, die ich im Lauf der Sitzungen stellen kann, aber noch keine Antworten darauf habe: Warum ist er nicht für sich eingetreten? Warum hat er nicht protestiert? Er ist doch kein Kind mehr! Ich äußerte, er habe sich in dieser Nacht seinem Schicksal ausgeliefert gefühlt. Arnold scheint nicht nur böse auf seinen Vater zu sein, sondern hat auch gemerkt, wie peinlich es ist, nachts den Vater zu vermissen, wenn man schon so groß ist und sich schon lange nicht mehr wie ein Kind fühlt. Mit pubertärer Behutsamkeit philosophiert er weiter über die Angst, dass es etwas gibt, das größer werden soll als er selbst, und etwas anderes, in dem er verschwinden könnte.

Wenn Eltern lebendige Erinnerungen an die eigene Pubertät haben und sich die Unsicherheit und Angst, welche die Pubertät mit sich bringt, noch gut vor ihr geistiges Auge führen können, werden sie das pubertäre Verhalten auch früher erkennen und verstehen, was der Jugendliche in diesen Situationen braucht: Verständnis, klare Strukturen und Grenzen. In diesem Fall hätte Arnolds Vater dann auch ziemlich schnell begriffen, dass Jugendliche besser nicht bei Erwachsenen im Zimmer schlafen.

Die Beziehung zu Gleichaltrigen spielt in der Pubertät eine wichtige Rolle, und Schwierigkeiten untereinander sind eine wesentliche Quelle für Probleme. In dem Kapitel über die kognitive Entwicklung wurde beschrieben, wie Mobben und Mobbingverhalten sehr negative und nicht zu unterschätzende Auswirkung haben können. Aber auch der Jugendliche, der aus dem einen oder anderen Grund keinen Anschluss an die Altersgruppe finden kann, geht ein Risiko ein. Einerseits haben manche Jugendliche ein größeres Bedürfnis nach Kontakt mit Gleichaltrigen als andere, aber soziale Isolation an sich ist in der Pubertät ein Risikofaktor für zahlreiche Probleme. Wenn die Peergroup fehlt, kann das unterschiedliche Gründe haben. Im Kapitel über die Entwicklung des Selbstgefühls hat sich herausgestellt, dass manche

Jugendliche Angst vor der Zurückweisung durch die Gruppe haben und sich sozusagen hinter einer Fassade verschanzen: Ich brauche keine Freunde, oder »jemanden brauchen« ist sowieso nicht gut.

Auch praktische Umstände, wie Umzug oder Schulwechsel, können eine Rolle spielen und die Beziehungen zu Altersgenossen erschweren. In diesen Fällen erfordert es von Jugendlichen eine besondere Anstrengung, Anschluss zu finden. Dass Schule, Vereine und Eltern dabei hilfreich sein können, steht außer Frage. Das Fehlen einer Altersgruppe oder Clique von Freunden/Freundinnen nimmt dem Jugendlichen auch die Möglichkeit, das gesamte soziale Repertoire der Pubertät einüben zu können. Ihm fehlt auch das Ventil für Schwierigkeiten zu Hause und dafür, dass er sich dort unverstanden fühlt. Die Peergroup hilft auch, Vergleiche mit der häuslichen Situation anderer Jugendlicher über den Unterschied von Regeln usw. anstellen zu können. Peergroup und Freundschaften sind in der Pubertät also ein wichtiger Puffer beim Auffangen und Verarbeiten der Schwierigkeiten und Aufgaben der Pubertät und bieten somit einen sicheren Schutz vor der Entwicklung einer psychischen Störung.

Vor allem narzisstisch verletzliche Jugendliche laufen Gefahr, sich immer mehr in ihre eigene Welt zurückzuziehen. Für den weniger verletzlichen Jugendlichen ist die Konfrontation mit der Realität ein wichtiger Grund, das eigene Selbstbild zu etablieren. Wo ein Kind noch alles sein und werden kann, wird der Jugendliche zunehmend mit seinen eigenen Grenzen, aber auch denen der anderen konfrontiert. Der narzisstisch verletzliche Jugendliche wird sich immer ängstlicher zurückziehen, um den schmerzlichen Prozess der Konfrontation mit den eigenen Grenzen und Einschränkungen zu vermeiden. Nach außen sehen wir einen herablassenden und arroganten jungen Menschen, der alles und jeden verachtet und abwertet, aber oft ist es nicht schwer, die Unsicherheit und den Wunsch nach Kontakt zu bemerken.

Von Bedeutung ist jedenfalls, welche Möglichkeiten es gibt, sich dieser narzisstischen Krise, mit der fast jeder Jugendliche zu tun bekommt, zu stellen. Das psychologische Handwerkszeug hat er von zu Hause mitbekommen, aber manchen Jugendlichen reicht das nicht aus. Die narzisstische Problematik kommt manchmal erst ans Licht, wenn gegen Ende der Pubertät, oft erst weit in der Adoleszenz, deutlich wird, dass der Jugendliche nicht mehr im Stande ist, einen gegenseitigen und intimen Kontakt mit jemandem einzugehen. Er sucht die Ursache nicht bei sich, sondern gibt anderen die

Schuld oder entwertet die Umgebung unter dem Motto »niemand ist eigentlich gut genug für mich«. Manchmal reagiert die Umgebung mit harten Konfrontationen, die in der Regel nicht den beabsichtigten Effekt haben, sondern den narzisstischen Panzer nur verstärken. Mitunter führen solche Konfrontation und der sich daran anschließende Gesichtsverlust zu einer suizidalen Krise.

Aktuelle einschneidende Ereignisse

Weil sich die psychische Entwicklung in der Pubertät beschleunigt, haben aktuelle Ereignisse in der unmittelbaren Umgebung oft einen enormen Einfluss auf das psychische Gleichgewicht des Jugendlichen. Natürlich sind die Beispiele zu zahlreich, um sie aufzuzählen. Begebenheiten, die in der Kindheit wenig sichtbare Folgen haben, erweisen sich in der Pubertät als unüberwindliche Ereignisse, zum Beispiel der Verlust eines Haustiers.

Die Jugendlichen beginnen immer mehr zu fühlen, begreifen auch manche Ereignisse, wie zum Beispiel Sterbefälle, besser, wodurch sie mehr empfinden können. Oft werden sie mit dem Tod der Großeltern konfrontiert. Für Kinder ist dies ein großer Verlust, insbesondere wenn die Großeltern eine aktive Rolle in ihrem Leben gespielt haben. Die Eltern machen dann eine einschneidende Periode der Trauer um den Verlust des Elternteils durch, dem manchmal auch eine Zeit großer Sorge vorausgegangen ist. Weil sie das in Beschlag nimmt, übersehen sie nicht selten den Kummer und die Trauer ihrer Kinder.

Scheidung der Eltern

Etwa 20.000 Jugendliche[11] werden pro Jahr in den Niederlanden mit der Scheidung ihrer Eltern konfrontiert. Es ist nicht so wichtig, ob es erwartet oder unerwartet geschieht, in jedem Fall ist die Scheidung der Eltern ein einschneidendes Ereignis. Die Auswirkungen einer Scheidung auf Kinder können sehr unterschiedlich sein, sogar innerhalb derselben Familie. Für viele Kinder kommt die Scheidung unerwartet und macht sich als Einbruch in die vertrauteste Beziehung, die sie kennen, bemerkbar. Es macht den Kindern Angst und verunsichert sie, wenn sie eine neue Form der Beziehung zu Vater und Mutter finden müssen. Auch die Eltern sind durch die Scheidung oft in Beschlag genommen und dadurch zeitweilig weniger für die Kinder

[11] In Deutschland trifft es schätzungsweise 100.000 Minderjährige pro Jahr.

verfügbar. Ehescheidungen können für die Kinder weitreichende Folgen nach sich ziehen, wie Umzug, finanzielle Probleme oder Schulwechsel usw. Die meisten Kinder sind flexibel genug, um diese Periode gut zu überstehen und sich der neuen Situation anzupassen. Doch dauert die Anpassungszeit oft länger, als Eltern und Kinder gedacht hatten. Und langsam wird auch allen Betroffenen klar, dass die neue Familiensituation nie mehr die gewohnte Selbstverständlichkeit haben wird. Es sind neue, zu Konflikten führende Interessen entstanden, die immer Spannungen mit sich bringen werden.

Welches sind die Risikofaktoren für einen Jugendlichen nach einer Scheidung? Für die Kinder ist es sehr wichtig,

- Kontakt zu beiden Eltern zu haben,
- nicht Partei ergreifen zu müssen,
- mit beiden Eltern sprechen zu können,
- sich aus dem Streit der Eltern heraushalten zu können und
- die Eltern nicht verraten zu brauchen.

Für viele Kinder ist die Scheidung auch der erleichternde Schlussstrich unter eine lange Periode voller Familienkonflikte. Sie können sich nun wieder ihrer eigenen Entwicklung zuwenden. Kinder sind nicht nur Scheidungsopfer. Oft denken sie, dass sie dazu beigetragen haben, und in einigen Fällen ist das nicht auszuschließen. Nach der Scheidung spielt der Wunsch, Vater und Mutter wieder zusammenzubringen, eine wichtige Rolle. Mögliche neue Partner der Eltern haben es dann schwer, das auszuhalten. Der Erfindungsreichtum der Jugendlichen, die Eltern miteinander in Kontakt und Konflikte zu bringen, ist nicht zu unterschätzen. Die meisten Jugendlichen sind gut im Stande, sich den neuen Umständen anzupassen, obwohl das natürlich nicht ohne Blessuren vonstatten geht. Auch die Jugendlichen haben oft eine klare Meinung über den Gang der Dinge, die bei zahlreichen anstehenden Entscheidungen beachtet werden sollte.

Riskanter sind die Situationen, in denen ein Teil der Eltern weiter in den Konflikten verharrt und die Scheidung eigentlich eine neue Phase des Ehestreites zu sein scheint. Bei einigen Jugendlichen führt die Scheidung zur psychischen Erkrankung, wie Angst oder Depression. Meistens sind dann noch andere Faktoren im Spiel. Untersuchungen zeigen, dass nicht die Scheidung und was sich darum herum abspielt, einen wichtigen Indikator für mögliche Probleme der Jugendlichen darstellt, sondern dass die Qualität der Beziehung zu den Eltern *vor* der Scheidung und besonders die zur Mutter von ausschlaggebender Bedeutung dafür ist, ob das Kind die Scheidung gut verarbeiten kann. Mit anderen Worten, die psychische Verfassung der Mutter ist einer der wichtigsten Faktoren für die Entstehung der Pubertätsproblematik nach einer Scheidung.

Geld macht nicht glücklich, aber neuere Untersuchungen zeigen immer deutlicher, dass Geldmangel und Geldsorgen (was nicht notwendigerweise dasselbe ist) in der Familie eine wichtige Grundlage für Probleme in der Pubertät bilden. Obwohl noch nicht klar ist, auf welche Weise dieser Einfluss wirkt, kann man doch sagen, dass Armut dem Jugendlichen viele Entfaltungsmöglichkeiten vorenthält, der Anschluss zur Peergroup manchmal in Gefahr gerät und in jedem Fall auch eine schwere Belastung für das Selbstwertgefühl darstellt. Den Jugendlichen steht immer mehr Geld zur Verfügung, und wenn es daran mangelt, nimmt das die Möglichkeit, an den Aktivitäten der Altersgenossen teilzunehmen.

In der Pubertät ist Krankheit ein einschneidendes Geschehen, das oft eine langandauernde Auswirkung auf den Jugendlichen haben kann. Kranksein ist natürlich ein belastender Umstand, der das Kind vieler sozialer Kontakte berauben kann, vor allem wenn es sich um chronische Erkrankungen oder lange Krankenhausaufenthalte handelt, aber gerade in der Pubertät stellt die Tatsache, dass mit dem Körper etwas nicht stimmt, eine zusätzliche Belastung dar. Der Körper und die psychosexuelle Entwicklung bilden bei jedem Jugendlichen das Zentrum des Interesses, sodass Krankheit und Gebrechen nicht nur einen ernsthaften Anschlag auf das Selbstwertgefühl darstellen, sondern auch als schwerer Verlust der körperlichen Integrität empfunden werden. Dem Körper ist nicht mehr zu trauen. Manche Jugendliche, die mit Krankheiten zu kämpfen haben oder mit einer Körperbehinderung leben müssen, hassen ihren Körper und sich selbst.

Auch andere Verlusterlebnisse können stark in das Leben der Jugendlichen eingreifen und das Kind gehörig aus dem Gleichgewicht bringen. Umzug oder Schulwechsel sind einschneidende Ereignisse, deren Folgen manchmal noch übersehen werden. Dasselbe gilt für den Verlust von Freunden.

Als letztes Beispiel gravierender Vorfälle im Leben des Jugendlichen kann die Reaktion der Eltern auf die Pubertät ihrer Kinder genannt werden. Sie stemmen sich oft mächtig dagegen.

Warum manche Eltern Angst vor der Pubertät ihrer Kinder haben

- *Die Kinder fliegen aus und beide Eltern bleiben zurück. Nicht für alle Eltern ist das eine angenehme Aussicht. Ihre Beziehung verändert sich stark, wo sie jetzt weniger Eltern sind und wieder mehr Partner werden.*
- *Für viele Väter und Mütter ist der Verlust der Elternschaft auch der Verlust einer sinnvollen und nützlichen Existenz.*
- *Die Eltern merken, dass die Kinder selbständig werden und sich weniger oder sogar nicht mehr um ihre Meinung kümmern. Die Pubertät kündigt den Verlust von Vormundschaft und Macht an.*
- *Die Pubertät konfrontiert die Eltern mit ihrem eigenen Leben. Viele Eltern bilanzieren, was sie fertig gebracht und was sie aus ihrem eigenen Leben gemacht haben. Manche stürzt das in eine Krise.*
- *Viele Jugendliche gehen einer Konfrontation mit den Eltern nicht mehr aus dem Weg und sagen oft frei heraus, was sie von ihnen und der Familie halten. Sie haben bei weitem nicht immer Unrecht.*
- *Die Pubertät konfrontiert die Eltern mit der Tatsache, dass ihr Sexualleben sich stark verändert. Sie sehen an ihren körperlich erwachsenen Kindern, dass der eigene Körper älter geworden ist und an Vitalität verliert. Das macht sie nicht selten auf die Kinder in der Pubertät eifersüchtig.*
- *Eltern fühlen sich von ihren Kindern in der Pubertät oft herabgesetzt und haben das Gefühl, zur Putzfrau oder zum Hotelier degradiert zu sein.*
- *Die Pubertät der Kinder erinnert die Eltern an ihre eigene Pubertät und die Schwierigkeiten, die das mit sich gebracht hat. Sie wollen ihre Kinder vor Fehlern und vertanen Chancen ihrer eigenen Pubertät bewahren und vergessen oft, dass die Jugendlichen gerade das selbst entdecken wollen.*

Dies sind Beispiele für die vielen Gründe von Eltern, der Pubertät mit Befürchtungen zu begegnen. Für Jugendliche ist es also nicht leicht, Eltern zu haben. Wenn sie in der Pubertät durch zu strenge Eltern eingeengt werden, können sie extrem unbequem werden. Aber auch Jugendliche, die zu wenig Schwierigkeiten mit ihrem Eltern haben – zu wenig Grenzen erfahren –, können sich extrem verhalten. In beiden Fällen, könnte man sagen, bekommt der Jugendliche nicht, was er braucht: klare und deutliche Grenzen, die nicht zu streng und nicht zu locker sind. Wo die Grenzen liegen, ist in jeder Familie anders, aber dass es klare und deutliche

Grenzen und Regeln gibt, an die sich auch jeder zu halten hat, ist keine Frage.

Die Pubertät ist eine empfindliche Phase und all diese äußeren Ereignisse können zu einem manchmal ernsten problematischen Verhalten führen, ohne dass es sich direkt um eine ernst zu nehmende psychische Störung handelt. Dieser Abschnitt verdeutlicht noch einmal, dass die Ernsthaftigkeit der Symptomatologie bei Jugendlichen kein zuverlässiger Maßstab für den Ernst der Störung ist. Jugendliche reagieren manchmal auf einschneidende Ereignisse heftig oder sogar besorgniserregend, ohne dass man von einer psychischen Problematik sprechen kann. Natürlich kann es sich um eine Risikosituation handeln. Doch bedeuten heftige Reaktionen in Verhalten und Gefühl allgemein für den Jugendlichen und/oder seine Umgebung ein Risiko.

Die Probleme in der Pubertät kommen nicht aus heiterem Himmel, und ein geübter Beobachter kann sie in manchen Fällen voraussagen. Der Familienhintergrund ist ein wichtiger Faktor für ihre Entstehung. Er ist variabel; z. B. können die pädagogischen Defizite so schwerwiegend sein, dass Behandlung und Beratung mit Zwangsmaßnahmen durchgeführt werden müssen. Das Kind ist dann in der Familie nicht geborgen. Manchmal gibt es einschneidende Ereignisse (aktuelle und vergangene), welche die Entwicklung des Jugendlichen durcheinander bringt und die Grundlage für eine seelische Erkrankung bilden. Es kann sich auch um Familien handeln, die hinreichend gut funktionieren, in denen der Jugendliche in der Kindheit aber durch das Zusammenspiel von eigenen biologischen und psychologischen Faktoren mit seinem Schicksal ein unzureichendes Instrumentarium entwickelt, um gut durch die Pubertät zu kommen, und deshalb psychologische Hilfe braucht.

Einschneidendes Ereignis oder Trauma?

Manche Kinder werden von Ereignissen getroffen, die sie so stark erschüttern, dass wir von einem Trauma sprechen. Ein Trauma ist ein Geschehen, das der Jugendliche nicht verarbeiten kann, weil es eine überwältigende und überflutende Erfahrung ist. Beispiele dafür sind Opfer von Gewalt oder sexuellem Missbrauch. Auch Zeuge von Gewalt zu sein oder ungewollt an Gewalt oder Missbrauch mitschuldig gemacht zu werden, kann traumatische Folgen haben. Bei Trauma denkt man an ein bestimmtes Ereignis, aber es kann auch durch die Wiederholung an und für sich nicht traumatischer Vorfälle zu Stande kommen. Auch kann ein Mensch von einer Reihe einschneidender Geschehnisse überflutet werden. Dauerhaft stark erschütternde Umstände können traumatisierend wirken. Zum Beispiel ein Kind, das Jahre lang von einem Elternteil gepeinigt wird. Ob ein Ereignis oder eine Reihe von Ereignissen auch wirklich einen traumatischen Effekt auf das Kind haben werden, hängt von mehr Faktoren ab als dem traumatischen Geschehen allein. Die Art und Weise, wie man mit der Begebenheit umgeht, bestimmt zu einem großen Teil, ob es zu einem Trauma werden wird. Verleugnen oder Bagatellisieren einschneidender Ereignisse machen den Kindern deren Verarbeitung schwer. Unter diesen Umständen kann ein gravierender Vorfall sich zu einem traumatischen Ereignis entwickeln. Die Familie ist besonders empfänglich für Symptome und psychische Störungen, z. B.wie das posttraumatische Stress-Syndrom. Also nicht das Geschehen selbst ist traumatisch, sondern die ungünstigen Umstände der Verarbeitung geben ihm eine traumatische Wirkung.

Trauma?

Jans (dreizehn Jahre alt) Vater hat sich das Leben genommen. Das ist ein für Kinder sehr schwer zu verarbeitendes einschneidendes Ereignis. Fast immer ist hierbei Hilfe notwendig, nicht nur für Jan, sondern für die ganze Familie. Indem man dann darüber sprechen und die Gefühle äußern kann und die Familienmitglieder einander trösten und beistehen können, kann die schwierige Situation mit allen Unfassbarkeiten, Vorwürfen, Schuldgefühlen, Kummer und Reue verarbeitet werden. Es gibt auch Familien, in denen der Tod durch Suizid aus Scham und Schuldgefühl verschwiegen wird. Innerhalb der Familie wird dann über den Hintergrund und die Motive dieses komplizierten Sterbefalls ängstlich geschwiegen. Der Selbstmord wird beiseite geschoben. Für die Kinder und Erwachsenen in diesen Familien besteht kaum eine Möglichkeit, diesem Ereignis einen Platz zuzuweisen und es zu verarbeiten.

Zwei wichtige Faktoren sind zu nennen. Wenn Kinder ernste oder einschneidende Ereignisse erleben, suchen sie als Erstes den Kontakt mit ihren Eltern für Verständnis und Unterstützung. Die Reaktion der Eltern ist für die Art und Weise, wie das eingreifende Geschehen verarbeitet werden kann, sehr wichtig.

Eltern sind notwendig

Jeannette (vierzehn Jahre alt) wurde am Ende einer Geburtstagsfeier ihrer Freundin von ein paar Jungen, die zu viel getrunken hatten, belästigt. Sie zwangen sie zu Zungenküssen und begrapschten sie. Als Jeannette zu schreien begann, ließen sie ab. Jeannette kam völlig aufgelöst nach Hause und rannte in ihr Zimmer. Die Mutter kam hinter ihr her und fragte die schluchzende Tochter, was los sei. Jeannette wollte nicht darüber sprechen. Die Mutter ließ sie in Ruhe und kam nach einer halben Stunde wieder vorbei. Stockend erzählte Jeannette, was geschehen war. Die Mutter hörte zu und reagierte erschrocken und entsetzt auf die Geschichte. Sie tröstete Jeannette und konnte sich vorstellen, wie abscheulich das für sie gewesen sein muss. Sie rief den Vater herbei, und Jeannette erzählte noch einmal, was passiert war. Nachdem sie sich beruhigt hatte, kamen Vater und Mutter überein, dass sie morgen weitersehen wollten. Am nächsten Morgen riefen sie die Eltern der Freundin an. Diese kannten die Jungen und auch deren Eltern gut. Sie verabredeten sich für den Abend.

Es gibt nicht unbedingt eine richtige oder falsche Reaktion auf solche Situationen. Wichtig ist, dass Eltern mit ihrem Kind empathisch umgehen und das Kind merkt, dass sie etwas von dem, was es erlebt hat, verstanden haben. Das macht den Weg frei, das unangenehme Erlebnis zu verarbeiten, ohne dass es allzu viele Spuren hinterlässt. Eltern, die in einer vergleichbaren Situation der Tochter selbst die Schuld geben oder ihr deutlich machen, dass sie nicht ordentlich aufgepasst hat, machen es schwerer, dieses einschneidende Erlebnis zu verarbeiten. Sie nehmen ihrem Kind die Möglichkeit, mit den Menschen, die es am dringendsten braucht, darüber zu sprechen. Damit wird eine traumatische Entwicklung wahrscheinlicher.

An zweiter Stelle sind viele Situationen und Ereignisse denkbar, über die in Familien kaum gesprochen wird, oft aus Scham. Niemand darf zum Beispiel wissen, dass der Vater eigentlich arbeitslos ist, während die Mutter ihm jeden Tag nachwinkt, weil sie es auch vor der Nachbarschaft geheim halten will. Andere Beispiele von Familiengeheimnissen sind, dass die Mutter ein Kind aus einer außerehelichen Beziehung hat oder dass der Großvater durch Selbstmord ums Leben gekommen ist. Familiengeheimnisse sind schwerwiegende Faktoren für die Entstehung psychischer Erkrankungen. Kinder werden durch Familiengeheimnisse gezwungen, Teile ihrer eigenen Gefühle und ihrer Gedankenwelt wegzuschieben und gerade so zu tun, als ob sie nicht bestünden oder geschehen seien. Gefühle, die, ohne dass darüber gesprochen wird, nicht gefühlt werden dürfen, Gedanken, die nicht gedacht werden dürfen, leben in den Kindern als schlechte Gefühle oder schlechte Gedanken fort und untergraben die psychische Entwicklung.

Lang andauernde Geschichten bei Familienproblemen

Es gibt natürlich Abstufungen der Ernsthaftigkeit von Problemen, die auf Dauer in der Familie eine Rolle spielen. Die Skala bewegt sich von leicht zu erkennenden zerrütteten Familien bis zu Familien, deren Probleme kaum sichtbar sind.

Im Leben mancher Kinder überrascht es niemanden, dass in der Pubertät Probleme auftauchen. Viele alloplastische Störungen, wie Verhaltensstörungen, beginnen früh in der Kindheit. In diesen Familien gibt es oft schon eine lange Vorgeschichte mit Beratungsangeboten und pädagogischer Unterstützung durch professionelle und nicht-professionelle Einrichtungen. Eine so lange Geschichte von Problemen ist für das Kind kein gutes Vorzeichen, wenn es in der Pubertät eine Stagnation erfährt. Durch die chronischen Probleme sind erhebliche Defizite in der psychischen Entwicklung des Kindes entstanden. Die Anforderungen der Pubertät setzen es stark unter Druck und können dann nicht mehr erledigt werden.

Es gibt auch langwierige Probleme in Familien, die mit der Unfähigkeit der Eltern zusammenhängen, den Kindern ein hinlänglich gutes und zuverlässiges pädagogisches Klima bereitzustellen. Die Kinder können in physischem und psychischem Sinn kein Gefühl von Sicherheit entwickeln, und somit werden die Grundbedürfnisse nicht oder nur unzulänglich gewährleistet. Das Hilfsangebot an diese Familien und Jugendlichen ist oft kompliziert, weil sie oft schlecht davon Gebrauch machen können. Meistens besteht eine gewisse Feindseligkeit oder Misstrauen gegenüber der Gesellschaft, wodurch man sich schnell im Stich gelassen fühlt. Die eigene Situation wird als nicht problematisch erlebt, und daher ist man nicht zu einer Behandlung motiviert.

Defizit

Manche Jugendliche aus Familien mit ernsthaften pädagogischen Defiziten zeigen auf den ersten Blick wenig problematisches Verhalten. Sie scheinen von den Eltern, die ihren Verpflichtungen nicht nachkommen, und von der Umgebung relativ unberührt. Sie haben sich einen Panzer zugelegt und sind Überlebenskünstler geworden. Erst im persönlichen

Gespräch fallen die Defizite und die innere Leere auf, die sie mit Gleichgültigkeit nach außen verschleiern. Wenn sich die Verhältnisse bessern, empfinden sie manchmal ihre Jugend als defizitär, und das problematische Verhalten nimmt zu.

In Härtefällen greift man aus diesem Grund zu Zwangsmaßnahmen, wie das In-Obhut-Nehmen von Kindern oder die Beaufsichtigung oder den Entzug des elterlichen Sorgerechts. Natürlich werden diese eingreifenden Maßnahmen nur angewandt, wenn es nicht anders geht.

Nicht alle langwierigen und chronischen Probleme in einer Familie haben solche ernsthaften Folgen. In vielen Familien gibt es dauerhafte Schwierigkeiten, welche das Kind nicht zwangsläufig schwer zu belasten brauchen, aber doch oft einen Faktor für die Entstehung von Problemen bilden können. In den letzten Jahren besteht vermehrt ein Interesse an Jugendlichen, von denen ein oder beide Elternteile mit psychiatrischen Problemen zu kämpfen haben. Diese Kinder sind dafür anfällig, vor allem während und nach der Pubertät Probleme zu entwickeln. Eine gute Betreuung dieser Familien und Jugendlichen kann viel Gutes bewirken. Wichtig ist, dass die Probleme wahrgenommen und erkannt werden.

Es gibt auch Familien, die für einen Außenstehenden gut zu funktionieren scheinen. Sie haben wenig sichtbare Probleme und keine Kalamitäten. Psychisches Leiden ist jedoch oft äußerlich nicht sichtbar, und auch in diesen normal erscheinenden Familien können Kinder in der Klemme sitzen, nicht richtig verstanden werden oder sogar chronisch zu kurz kommen. Psychische Probleme bei Jugendlichen sind also nicht immer eine Reaktion auf äußere Ereignisse oder die Folge von Pubertätsproblemen. Viele neurotische Probleme (vor allem autoplastische Störungen) kommen durch die Wechselwirkung von inneren Konflikten mit der Umgebung zustande. Kinder haben ja eine eigene Innenwelt, wodurch das Verhalten der Eltern, Familienangehörigen und der Außenwelt auf eine eigene, individuelle Weise erlebt wird. Das macht manche Kinder für Missgeschicke und Enttäuschungen empfänglicher und dadurch verletzlicher für psychische Probleme. Auch innerhalb derselben Familie reagieren Kinder durch ihre Eigenarten und die Stellung in der Geschwisterreihe ganz unterschiedlich auf dieselben Eltern und Ereignisse. Deshalb kann ein Jugendlicher sehr wohl eine Behandlung nötig haben, während es mit den Geschwistern ausgezeichnet läuft.

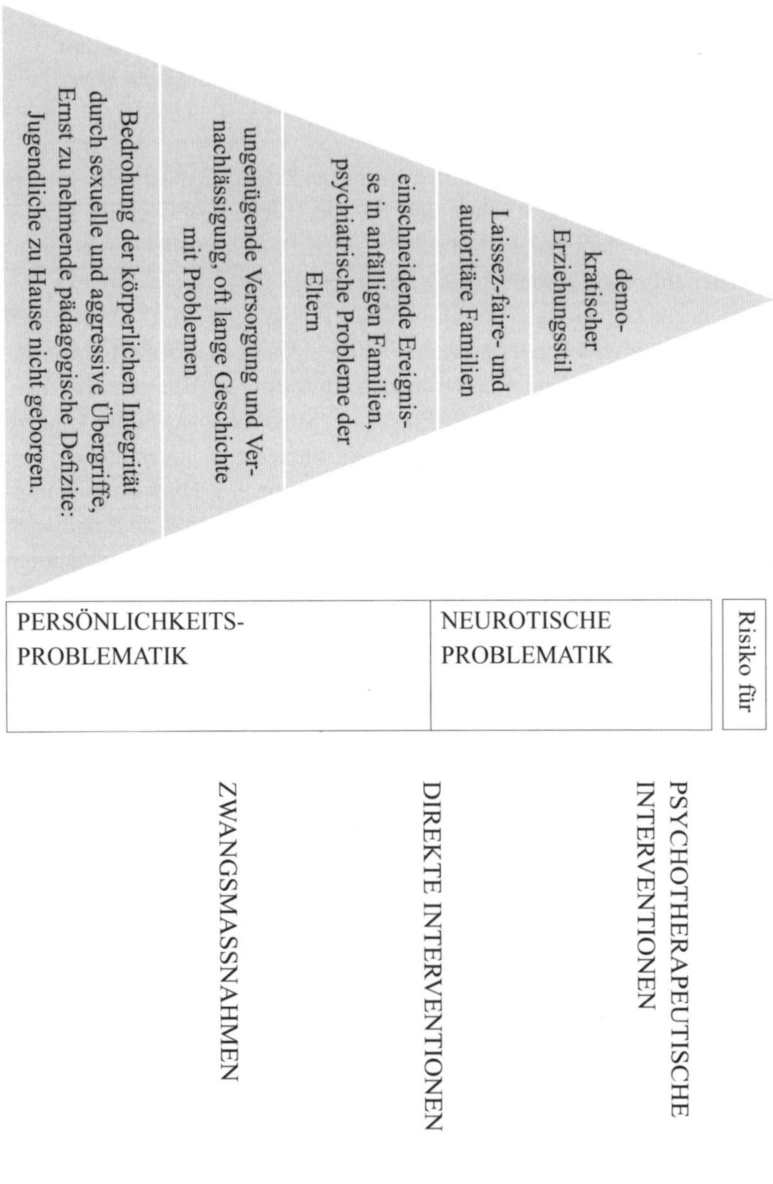

Abb. 3: Einige Familienbedingungen und mögliche Hilfeleistungen

Unverarbeitete Kindheitstraumata

Die ersten Lebensjahre haben einen bleibenden Einfluss auf die psychische Entwicklung in späteren Jahren. Im dem Maße, wie die ersten Jahre eines Kinderlebens im Zeichen einschneidender Veränderungen, Bindungsprobleme und erzieherischer Defizite gestanden haben, erhöht sich das Risiko für spätere seelische Probleme. Im letzten Abschnitt wurde beschrieben, dass diese ungünstigen Verhältnisse oft chronisch sind, wodurch die Problematik fest in der Persönlichkeit des Kindes verankert wird und dadurch immer schwerer zu behandeln ist.

Viele Kinder erleben auch entscheidende Ereignisse, ohne dass es sich um eine Umgebung handelt, die ihren Verpflichtungen nicht nachkommt. Auch in einer gut funktionierenden Familie kann ein Angehöriger sterben. Vor noch nicht allzu langer Zeit hat man vermutet, dass Kinder nicht so richtig um den Tod einer geliebten Person trauern könnten, weil sie noch einen unzureichenden Begriff vom Tod hätten. Sie sehen im Tod oft einen zeitlich begrenzten Zustand, eine Art langen Schlaf. Heute ist man der Meinung, dass Kinder einen intensiven Trauerprozess durchmachen können, der mitunter sehr komplex verlaufen kann, vor allem, wenn die Trauer durch die Erwachsenen in ihrer Umgebung nicht erkannt oder übersehen wird. In der Pubertät bekommt der Trauerprozess oft eine neue Wendung, nicht weil die kindliche Trauer unvollständig war, sondern weil durch die Pubertät die Beziehung zum verstorbenen Elternteil wieder anders erlebt wird. Die Pubertät impliziert eine einschneidende Reorganisation aller, nicht nur der äußeren, sondern auch der inneren Beziehungen zu einem verstorbenen Elternteil.

Die tote Mutter

Nicole (dreizehn Jahre) wurde wegen depressiver Beschwerden und nervigem Verhalten zu Hause zur Psychotherapeutin überwiesen. Als sie sieben Jahre war, starb ihre Mutter an Krebs. Die Familie (noch ein jüngerer Bruder und eine jüngere Schwester) durchliefen einen langen Trauerprozess und wurden dabei auch von einem Psychotherapeuten begleitet. Vor zwei Jahren heiratete der Vater wieder und die Familie erweiterte sich um zwei Stiefschwestern, die drei Jahre älter sind als Nicole. Nicole hatte und hat immer noch große Mühe mit dem Hinzukommen der Stiefmutter und zwei älteren Stiefschwestern. Niemand empfindet die neu zusammengesetzte Familie als eine neue Einheit. Regelmäßig kommt es zu Konflikten, aber in letzter Zeit merken alle, dass Nicole immer trau-

riger wird. Nicole droht den Anschluss an ihre Altersgenossen zu verpassen und in die Isolation zu geraten.
In der Therapie erzählt sie, ihr sei in den letzten Monaten aufgefallen, dass sich durch die Pubertät ihr Gesicht und der Körper veränderten und sie immer mehr ihrer verstorbenen Mutter ähnlich sehe. Es macht sie traurig zu beobachten, dass Vater und Stiefmutter damit große Schwierigkeiten haben, aber sie hat auch das Gefühl, als sei es ihre Aufgabe, dafür zu sorgen, dass niemand ihre Mutter vergisst. In ihrem Zimmer hat sie im Bücherschrank eine Ecke mit dem Foto ihrer Mutter und deren Tagebuch eingerichtet. Das Tagebuch hat ihr die Mutter in ihrer letzten Lebensphase gegeben. Es beschreibt die schwierige Pubertätszeit der Mutter und die Konflikte mit ihren Eltern. Nicole liest jeden Tag darin...

Jugendliche identifizieren sich mit dem Elternteil desselben Geschlechts, weil er ein Vorbild für den Mann oder die Frau ist, die sie später werden wollen. Diese Identifizierung ist nicht ohne Paradoxie, weil der Jugendliche sich in dieser Entwicklungsphase von dem Elternteil, dem er gleichen will, auch loslöst und selbständig werden will. In der kurzen Vignette über Nicole ist es nicht schwer zu sehen, dass diese Paradoxie zu einer geronnenen Trauer führen kann, wenn einer der Eltern gestorben ist. Die Qualität der Stieffamilie ist dann für den Jugendlichen sehr wichtig, um die Schwäche des verstorbenen Elternteils empfinden zu dürfen. Je besser die Stieffamilie funktioniert, desto weniger Loyalitätskonflikte werden die Kinder in der Trauer über den verstorbenen Elternteil erfahren.

Adoptivkinder wachsen oft in guten Familien auf. Die Familie bietet unter diesen Verhältnissen für das Kind einen guten Schutz und auch ausreichende Möglichkeiten, mit einschneidenden Ereignissen umzugehen und sie zu verarbeiten. Dennoch wird die Pubertät oft bei der Verarbeitung gravierender oder traumatischer Geschehnisse aus der Kindheit eine neue Phase einleiten.

Vor allem die kognitive Entwicklung spielt dabei eine große Rolle. Das Kind wird in der Pubertät andere Fragen über die Adoption stellen, mehr über den Hintergrund der biologischen Eltern wissen und sogar auf die Suche nach ihnen gehen wollen. Diese Entwicklung stimmt mit der normalen Pubertätsentwicklung überein. Für die Adoptiveltern ist das oft nicht leicht – und für den Jugendlichen auch nicht.

Adoption

Martin war ein Junge von zwölf Jahren, der wegen einer ernsthaften Depression zur Behandlung angemeldet wurde. Die Depression war mitunter so schlimm, dass eine Aufnahme in die Psychiatrie erwogen wurde. Martin wurde mit anderthalb Jahren aus einem afrikanischen Land adoptiert. Über die ersten Lebensjahre war wenig bekannt. Auf allen Gebieten hatte er einen beträchtlichen Entwicklungsrückstand. Die Kindheit verlief ohne nennenswerte Schwierigkeiten. Martin hatte sich gut an seine Adoptivfamilie angepasst, und nichts wies darauf hin, dass er sich in kurzer Zeit von einem fröhlichen Jungen in einen ernsthaft depressiven Jugendlichen verwandeln würde. Anlass für die Anmeldung zur Therapie war, dass die Mutter in seinem Schreibtisch ein Album gefunden hatte, in das er Hunderte Fotos prachtvoller Villen und Landhäuser, die in den ganzen Niederlanden zum Verkauf standen, eingeklebt hatte. Die Mutter berichtete, dass er seit ein paar Monaten zu Hause äußerst aggressiv gewesen sei, mit Gewalt drohte und sie heftig beschimpfte, ja wegzulaufen drohte; und dann konnte er wieder Tage lang apathisch in seinem Zimmer sitzen und im Internet surfen. Dann war er nicht mehr an den Esstisch zu bekommen und wollte auch nicht mehr zur Schule gehen. Im Gespräch mit Martin wurde sehr schnell seine Adoptionsgeschichte Thema. Man hatte ihm immer gesagt, seine biologische Mutter habe nicht mehr für ihn sorgen können, weil sie an Aids litt und auch daran verstorben sei. In den letzten Monaten fragte er sich immer mehr, ob er noch Brüder und Schwestern habe und ob er als einziger aus der Familie seiner Mutter adoptiert worden sei. Vor allem aber fragte er sich, wer und wo sein biologischer Vater sei. Bei der Adoptionsorganisation konnten sie auf diese dringenden Fragen keine Antwort geben. Er hatte den festen Plan, in ein paar Jahren in sein Herkunftsland zu reisen, um seinen Vater aufzusuchen. Für die Adoptiveltern hatte er kein gutes Wort übrig, während diese doch Jahre lang mit großer Hingabe für ihn gesorgt hatten. Auf die Adoptivmutter schaute er außerordentlich kränkend herab, und an seinem Adoptivvater fand er alles unerträglich.

Über seinen biologischen Vater glaubte er zu wissen, dass er inzwischen in Afrika sein Glück gemacht habe und eines schönen Tages ihn ganz bestimmt holen würde. Dafür hatte er auch die Villen ausgesucht, denn sein Vater musste doch irgendwo wohnen, wenn er in den Niederlanden war. Von seiner biologischen Mutter war er überzeugt, sie sei eine großartige Frau gewesen, die ihn, als sie todkrank war, gezwungenermaßen in ein Kinderheim gebracht habe, um sein Leben zu retten.

Martin kämpfte mit stark widerstreitenden Gefühlen, die seine bio-

logischen und Adoptiveltern, seine eigene Geschichte und sein heftiges Schuldgefühl über sein Überleben betrafen. Er löste diesen inneren Konflikt zum Teil durch eine Spaltung zwischen einem stark idealisierten Bild von seinen biologischen Eltern und einem entwertenden Bild seiner Adoptiveltern. So konnte er ein labiles inneres Gleichgewicht aufrecht erhalten.

Viele Kinder, die in ihren ersten Lebensjahren schwer traumatisiert wurden, passen sich in der Kindheit gut an, bekommen aber in dem Moment große Probleme, wo das mehr oder weniger stabile Gleichgewicht der Kindheit durch den Pubertätsprozess gestört wird. Die frühkindlichen Erfahrungen bekommen im Rahmen der neuen kognitiven Möglichkeiten eine neue Bedeutung. Der Jugendliche ist besser denn je im Stande, die Ereignisse seines Lebens in einem historischen Kontext zu sehen und seine Lebensgeschichte mit Altersgenossen zu vergleichen. Jugendliche tauschen sich darüber auffallend wenig aus. Das Nachdenken geschieht in der Stille, manchmal nicht ganz bewusst, manchmal mit Grübeln und Tagträumen.

Unverarbeitete Probleme der Kindheit sind oft nicht so sichtbar wie die Beispiele über Adoption, den Tod eines Elternteils oder eine Krankheit. In der psychotherapeutischen Praxis sieht man auch Jugendliche, die nicht traumatisiert sind, aus relativ funktionierenden Familien kommen und in ihrem Leben wenig Erschütterndes mitgemacht haben. Sie schlagen sich recht gut in der Schule und mit Altersgenossen durch und zeigen wenig Symptome und lediglich milde seelische Störungen. Doch sie fühlen sich unglücklich. Sie fühlen sich unverstanden, wissen sich keinen Rat und sitzen manchmal mit sich selbst ganz schön in der Patsche. Oft sind es begabte und sensible Kinder, die sich der Welt nicht richtig gewachsen fühlen. Ihnen ist oft durch ein besseres Verständnis für sie und die Welt um sie herum gut geholfen.

Interventionen

In den Niederlanden gibt es ein breites Angebot an Behandlungsmöglichkeiten: von pädagogischer Unterstützung, Familientherapie, individueller Psychotherapie und Medikation bis zur psychiatrischen Aufnahme oder Heimunterbringung. In Deutschland ist dies ebenso. In erster Linie sind die Beratungsstellen und die niedergelassenen Kinder- und Jugendlichen-Psychotherapeuten bzw. Kinder- und Jugendpsychiater zu nennen (Adressen z. B. unter www.vakjp.de).

Es gibt eine Hierarchie von Interventionen, in denen die Schwere der Pathologie und die Möglichkeiten zur Hilfe eine wichtige Rolle spielen. Am einen Ende des Spektrums befinden sich die Jugendlichen, die in Familien leben, in denen sie zum Beispiel wegen aggressiven Verhaltens oder sexuellen Missbrauchs nicht geborgen sind oder wo die erzieherischen Defizite so groß sind, dass ihre Entwicklung einen ernsthaften Schaden erleidet. In dieser Situation wird die Hilfe in direktem Eingreifen in die Familie und oft in einer Zwangsmaßnahme bestehen. Dabei kann an eine Heimunterbringung, Jugendfürsorge und Entzug des elterlichen Sorgerechts gedacht werden. Am anderen Ende dieses Spektrums steht der Jugendliche, der aus einer ausreichend gut funktionierenden Familie kommt und aus Erfahrung lernen kann. Bei ihm wird man eher an eine individuelle Psychotherapie denken.

Der allmähliche Übergang von Angst zur Angststörung

Angstreaktion	**K**larer Auslöser	Die Angstreaktion kann durch etwas aus der Umgebung ausgelöst werden, zum Beispiel von einem Fremden belästig werden, aber auch durch eine Fantasie oder einen Traum. Angst ist nicht das einzige Gefühl: Sie deutet oft darauf hin, dass etwas anderes nicht empfunden werden darf, zum Beispiel Bosheit, Eifersucht, Rache oder Erregung.
	Auffangnetz/ **A**npassung	Der ängstliche Jugendliche kann oft mit der Empathie der Umgebung rechnen. Wenn er durch Reden von der Beziehung zu Eltern und Freunden Gebrauch machen kann, kann eine Anpassung an die Realität stattfinden. Das Integrieren und Verarbeiten von (Angst-) Gefühlen fördert das Wachstum.
Regression		Reaktion von weniger aktiven Jugendlichen, zum Beispiel Rückzug und Vermeiden sozialer Situationen, Konsum von Alkohol und/oder Drogen, verschlimmern auf Dauer die Angst und entfremden den Jugendlichen von seiner Umgebung und Hilfe.
Ängstliche Stimmung	**W**eniger klarer Auslöser	Die ängstliche Stimmung dauert länger und ist auch mehr an eine spezifische Situation gebunden. Auch die Umgebung versteht weniger leicht, warum der Jugendliche ängstlich ist, wodurch Verständnis auch weniger selbstverständlich ist.
	Auffangnetz/ **A**npassung	Das Bewusstsein, dass Abhängigkeit in sozialen Beziehungen zunimmt, aber auch, dass das Netzwerk guter Kontakte weniger wird, ist für die Entwicklung der Frage nach Hilfe von ausschlaggebender Bedeutung. Die Umgebung wendet sich zunehmend ab, und der Jugendliche gerät in die Isolation.
Regression		Das Ausmaß, in dem der Jugendliche reflektieren kann, die Einsicht, dass die Angst nicht mehr zur Realität passt, kann sich weiterer Regression widersetzen und den Anpassungsprozess in Gang bringen.
Angststörung	**O**ft unklarer Auslöser	Wenn die Angst des Jugendlichen nicht mehr durch die Realität korrigiert werden kann oder wenn – mit anderen Worten – der Jugendliche die Angst als eine Realität empfindet, ist die Grenze der psychischen Erkrankung erreicht. Dann ist professionelle Hilfe angezeigt.

Rauchen, Alkohol und Drogen in der Pubertät

Alkohol- und Drogenkonsum wurden lange unterschätzt. Die meisten Eltern und Experten gingen davon aus, dass Jugendliche zwischen elf und fünfzehn damit wenig zu tun hätten. Man war über das Rauchen mehr beunruhigt als über den Konsum von Alkohol und Drogen. Obwohl Berater und Schulen schon vor Jahren wegen des zunehmenden Drogen- und Alkoholkonsums Alarm geschlagen haben, ist das Interesse hieran in den Medien und in der Forschung relativ neueren Datums. Die Kinder beginnen immer früher zu rauchen. Die Politik macht deutliche Anstrengungen, den Jugendlichen das Rauchen auszureden, und erläßt Rauchverbote.

Soweit es sich um Alkohol und weiche Drogen handelt, sind Adoleszente von sechzehn Jahren und älter die Zielgruppe der Richtlinien von Politik und zahlreichen Informationsschriften der Gesundheitsbehörden. Das ist auch logisch, denn sie bilden die größte Gruppe, die weiche Drogen und Alkohol konsumieren. Aber die Ratschläge und Richtlinien, die dort den jungen Menschen und Eltern gegeben werden, gelten nicht ohne weiteres für Jugendliche jüngeren Alters. Denn es ist bekannt, dass Alkohol und Drogen im Pubertätsalter einen anderen Effekt haben als später in der Adoleszenz. Wo Siebzehn- bis Achtzehnjährige Alkohol und (weiche) Drogen als Genussmittel zu sich nehmen, das die soziale Kommunikation stimuliert, stehen für Jugendliche im Pubertätsalter oft andere Ziele obenan. Der Konsum erweist sich als wirksame Methode, unangenehme und unerwünschte Gefühle schnell loszuwerden. In der Pubertät ist regelmäßiges Betrunken- und Stoned-Sein fast immer ein ernstes Signal dafür, dass es dem Jugendlichen nicht gut geht.

Rauchen

Kinder beginnen immer früher zu rauchen. Nach den jüngsten Erhebungen haben 16 Prozent der Schüler in den oberen Klassen der Grundschule gelegentlich geraucht, 41 Prozent der Elf- bis Zwölfjährigen haben es irgendwann einmal probiert. Die Anzahl der Zwölf- bis Dreizehnjährigen, die regelmäßig rauchen, wird auf 15 Prozent geschätzt. Sie rauchen durchschnittlich acht Zigaretten pro Tag, bei den Vierzehn- bis Fünfzehnjährigen sind es durchschnittlich 31 Prozent mit fünfzehn Zigaretten täglich. In diesem Alter geben 67 Prozent an, gelegentlich geraucht zu haben.

Die Verhältnisse in Deutschland

Manche Jugendliche beginnen früh mit dem Rauchen, aber andererseits ist die Zahl derer, die ab und zu oder regelmäßig rauchen von 2001 bis 2008 um ein Drittel zurückgegangen. Gelegentlich bis regelmäßig rauchen 16,2 Prozent der weiblichen und 14,7 Prozent der männlichen Jugendlichen. Eine weitere Aufschlüsselung über die Menge der Zigaretten (darum handelt es sich in der Regel) geht aus der Statistik der Bundeszentrale für gesundheitliche Aufklärung nicht hervor. Manche Eltern bieten ihren Kindern Zigaretten an, weil sie – irrtümlicherweise – glauben, den Konsum damit steuern zu können.

Alkohol

74 Prozent der Schüler zwischen zwölf und siebzehn Jahren geben an, gelegentlich Alkohol getrunken zu haben. 54 Prozent haben im letzten Monat Alkohol zu sich genommen. Vermehrt wird hochprozentiger Alkohol konsumiert.

Weiche Drogen (Cannabis)

In der Gruppe der Zwölf- bis Fünfzehnjährigen sagen fast sechs Prozent, irgendwann einmal Cannabis geraucht zu haben, zwei Prozent im letzten Monat. Diese Zahlen sind niedriger als zum Beispiel in den USA, England und Frankreich. Sie sind vergleichbar mit Italien und Deutschland und höher als in Skandinavien und den südeuropäischen Ländern. Den Konsum von harten Drogen kann man in der Pubertät vernachlässigen.

Drogenkonsum in der Gruppe der Zwölf- bis Fünfzehnjährigen		
	einmal	dauernd
Nikotin	50%	23%
Alkohol	65%	50%
Cannabis	6%	2%

Nach der Pubertät nimmt der Konsum von weichen Drogen und Alkohol stark zu; beim Rauchen ist die Steigerungsrate geringer.

Deutsche Verhältnisse (Weltdrogentag 2004)

Vierzehnjährige und Drogen	
Alkohol	50% haben schon einmal einen Rausch gehabt.
Tabak	27% rauchen täglich.
Cannabis	23% der Jugendlichen haben Erfahrung mit Cannabis; 11% kiffen regelmäßig; 7% kiffen täglich vor dem Unterricht und ca. 15.000 Kiffer gehen jährlich in Drogenberatungsstellen.

Die Statistiken sind nur bedingt vergleichbar, da sich die Altersangaben unterscheiden. Sie zeigen jedoch, dass die Jugendlichen mit dem Konsum »weicher Drogen« schon früh Erfahrung machen. Jüngere Aufstellungen sind nicht verfügbar (Quelle: Bundeszentrale für gesundheitliche Aufklärung).

Welche Rauschmittel konsumieren die Jugendlichen?

Wenn es sich ums Rauchen handelt, kaufen die Elf- bis Fünfzehnjährigen gewöhnlich Zigaretten oder losen Tabak meist durch eine Zwischenperson, und manchmal sieht man einen Jugendlichen eine Zigarre »paffen«. Nicht selten bekommen die Jugendlichen die Zigaretten von ihren Eltern, die damit – übrigens vergeblich – hoffen, das Rauchen begrenzen zu können.

Beim Alkohol sind die Mixgetränke am beliebtesten. Es handelt sich um süße, limonadeartige Getränke mit einem relativ niedrigen Alkoholgehalt (durchschnittlich 4-5 Prozent). Bier, Wein und Schnaps werden in diesem Alter weniger getrunken, weil sie nicht gut schmecken. In diesem Kontext ist es nicht unwichtig anzumerken, dass für die Getränke- und Nahrungsmittelindustrie die Gruppe der Jugendlichen, die auch über stets mehr Geld verfügt, in ökonomischer Hinsicht immer wichtiger wird.

Verhältnisse in Deutschland

Unter den alkoholischen Getränken ist Bier das beliebteste, gefolgt von Cocktails/Longdrinks, Wein/Sekt, bier- und weinhaltigen Mischgetränken sowie spirituosenhaltigen Alkopops. Irgendwann haben 75,8 Prozent der Jugendlichen einmal Erfahrung mit Alkohol gemacht. Bei der Befragung gaben 46,3 Prozent an, in den letzten 30 Tagen Alkohol zu sich genommen zu haben. Der Prozentsatz des regelmäßigen wöchentlichen Alko-

holkonsums liegt bei 17,4 Prozent, wobei die männlichen Jugendlichen überwiegen. Die mittlere Alkoholmenge beträgt 42,1g.

Während der Alkoholkonsum bei den Jugendlichen in den letzten Jahren rückläufig war, hat das Rauschtrinken zugenommen. Motive für den exzessiven Alkoholgenuss, der eigentlich kein Genuss mehr ist, sind die Demonstration von Autonomie und die Ablösung von den Eltern, der Status in der Peergroup, Überwindung von Hemmungen, aber auch der Versuch, persönliche Probleme zu »lösen«. Die Krankenhausaufnahmen betrunkener Jugendlicher stiegen von 9.000 im Jahr 2002 auf 23.000 im Jahr 2008. Da die Reifung des Gehirns noch nicht abgeschlossen ist, muss mit einer schädlichen Wirkung regelmäßigen Alkoholkonsums nicht nur akut (Minderung der kognitiven Leistung), sondern auch dauerhaft gerechnet werden (Quelle: Bundeszentrale für gesundheitliche Aufklärung).

Sind Alkopops kriminell?

Die meisten Jugendlichen finden Alkohol nicht schmackhaft: Bier ist zu bitter, Wein zu sauer und Schnaps zu scharf. Damit kennen die Jugendlichen eigentlich eine natürliche Schranke gegen übermäßigen Alkoholkonsum. Die Einführung süßer Mixgetränke hat dem ein abruptes Ende bereitet. Der Alkoholkonsum ist damit für diese Altersgruppe viel riskanter geworden, weil eine gesunde Geschmacksbarriere wegfiel. Die Jugendlichen können bequemer Alkohol konsumieren und auch der riskante Übergang zu hochprozentigen Getränken ist schneller vollzogen. Mit der Einführung dieser Getränke ist die Getränkeindustrie ein unverantwortliches Risiko eingegangen und sollte beträchtlich zur Prävention und Bekämpfung der Folgen frühzeitigen und übermäßigen Alkoholgebrauchs beitragen. Das gesetzliche Verbot, Kindern unter sechzehn Jahren alkoholische Getränke zu verkaufen, ändert daran wenig. Doch die Mixgetränke wurden erheblich verteuert, um dadurch den Alkoholkonsum der Jugendlichen zu bremsen. In Deutschland ist nach Besteuerung der Alkopops deren Konsum drastisch zurückgegangen. Die Industrie hat dafür eine zynische Antwort gefunden. Die Mixgetränke werden in Pulverform oder als Brausetabletten auf dem Markt gebracht, um damit die Alkoholsteuer zu umgehen. Müsste inzwischen nicht erwogen werden, die Getränkeindustrie strafrechtlich zu verfolgen, weil sie absichtlich die körperliche und seelische Gesundheit der Jugendlichen in Gefahr bringt?

Bei den von den Jugendlichen konsumierten weichen Drogen handelt es sich vor allem um Hanfprodukte (Haschisch/Marihuana/Gras). Sie werden meist mit Tabak vermischt geraucht (kiffen). Der wirksame Stoff ist Tetrahydrocannabinol (THC). Der Effekt des Kiffens tritt schnell ein. Die Stimmung intensiviert sich und es kommt eine glückselige Benommenheit auf, die manchmal von Lachanfällen begleitet wird; die Muskeln entspannen, und die Wahrnehmung wird schärfer. Denken, Lernen und Konzentration nehmen ab. Manchmal ist der Konsum von weichen Drogen nicht angenehm. Es kommt zu Angst- und Panikanfällen, die nach einiger Zeit wieder verschwinden.

Das Verbot, Alkohol und Tabakwaren an unter Sechzehn- bzw. Achtzehnjährige zu verkaufen, erweist sich als wenig effektiv. Die Jugendlichen kaufen die Drogen meistens über einen Bekannten oder jemanden, der in den Niederlanden z. B. im Coffeeshop einkaufen darf. Hasch und Gras werden geraucht. Pillen und Partydrogen – Paddos (getrocknete Pilze mit halluzinogener Wirkung), XTC (Ecstasy) und Speed) werden von Jugendlichen ziemlich selten eingenommen. Auch der Konsum von Kokain und die Einnahme von harten Drogen sind in der Pubertät selten. Weil sie von der Gesellschaft akzeptiert sind, werden Alkohol und Tabak nicht zu den harten Drogen gezählt, was wegen ihrer schädlichen Auswirkungen auf die Jugendlichen aber das Beste wäre.

Motive

Natürlich spielen bei Jugendlichen Neugierde und Nachahmung eine wichtige Rolle, irgendwann einmal Rauschmittel auszuprobieren und selbst zu erleben, wie es sich anfühlt. Das Vorbild der Eltern spielt eine wichtige Rolle. In Familien, in denen die Eltern rauchen, ist die Schwelle, ebenfalls selbst zu rauchen, viel niedriger. Dasselbe gilt für Alkohol. Bei Jugendlichen spielt der Wunsch, zu Gleichaltrigen und Erwachsenen dazuzugehören, ebenfalls eine Rolle. Diese Motive sind an sich nicht bedenklich, bergen in sich jedoch das Risiko der Wiederholung und Abhängigkeit. Viele Jugendliche probieren rauchen und trinken einmal aus, und bei den meisten bleibt es bei einem Versuch oder beim seltenen Gebrauch. Vor allem das gemeinsame Kiffen ist eine Methode, um entspannt ohne allzu viele Worte zusammen zu sein und sich als Gruppe zu fühlen.

Es ist auch nicht schwer zu verstehen, dass der Gebrauch von Drogen oft eine pubertäre Demonstration der Unabhängigkeit sein soll. Nicht nur im Sinne von: Ich bestimme selbst, ob ich trinke oder rauche, sondern auch eine Demonstration der Illusion von Unverletzbarkeit nach dem Motto: Andere werden süchtig oder abhängig, ich nicht.

Riskanter und manchmal schlichtweg problematisch ist es, wenn Jugendliche Alkohol und weiche Drogen zu sich nehmen, um sich besser und weniger depressiv und ängstlich zu fühlen. Manche Jugendliche nehmen weiche Drogen zum Einschlafen. Alkohol und weiche Drogen wirken innerhalb von zehn Minuten und haben einen unmittelbaren Effekt auf die Stimmung des Jugendlichen. Sie scheinen eine bewährte Hilfe zu sein. Viele Jugendliche wissen noch nicht, dass unangenehme Gefühle, die man mit Alkohol und weichen Drogen bekämpft, oft heftiger wiederkehren, wodurch man schon früh in eine Spirale von Unlust und Suchtmittelgebrauch geraten kann.

Welche Jugendlichen sind besonders anfällig für den Konsum weicher Drogen?

Manche Jugendliche experimentieren mit weichen Drogen und testen vielleicht einmal eine Grenze aus, aber zum problematischen Drogenkonsum wird es nicht kommen. Andere scheinen direkt vom ersten Gebrauch an mit Abhängigkeit von Alkohol und weichen Drogen zu kämpfen. Auch Eltern sind sehr besorgt, ob ihr Kind mit dreizehn Jahren große Risiken eingeht, wenn es mit weichen Drogen und Alkohol experimentiert. Welcher Jugendliche ein großes und welcher ein kleines Risiko hat, ist noch wenig erforscht, weil dieses Pubertätsphänomen relativ neuen Datums ist.

Aus der klinischen Praxis sind anfällige Gruppen bekannt, für welche der Gebrauch von weichen Drogen riskanter ist als für den Durchschnitt.

Eine erste Gruppe sind Kinder, von denen man weiß, dass sie Schwierigkeiten mit ihren Impulsen haben und mit einer großen inneren Unruhe kämpfen. In diese Gruppe fallen unter anderem Kinder mit ADHS, Asperger-Syndrom und tiefgreifenden Entwicklungsstörungen sowie manche ängstlichen Kinder mit Verhaltensstörungen. Auch frühgeborene Kinder haben in der Pubertät ein höheres Risiko für Drogen- und Alkoholkonsum. Gewöhnlich kennt man die Diagnose schon, bevor diese Kinder in die Pubertät kommen, weil bereits eine lange Problemgeschichte bekannt ist. Eltern und Berater können dann einem möglichen Alkohol- und Drogengebrauch vorbeugen.

Eine zweite Gruppe mit erhöhtem Risiko sind Kinder mit einer Vorgeschichte von Stimmungsstörungen, wie depressive Verstimmungen oder starke Stimmungsschwankungen.

Eine dritte Gruppe gefährdeter Jugendlicher sind Kinder, die durch aktuelle Umstände ernsthaft durcheinander geraten oder total verwirrt sind, zum Beispiel durch den plötzlichen Verlust eines Elternteils oder während einer Ehescheidung.

Die zugrunde liegende Dynamik für das Risiko eines problematischen Drogengebrauchs in der Pubertät ist durch mangelhafte Affektregulation gekennzeichnet. Diese Jugendlichen ertragen die Wucht ihrer Gefühle schlecht. Die innere Unruhe nimmt in der Pubertät zu, und der Jugendliche fühlt sich dem gegenüber oft ohnmächtig. Die Heftigkeit der Gefühle ist manchmal auch beängstigend. Kiffen hat einen rasch einsetzenden beruhigenden und entspannenden Effekt, und Alkohol hilft unmittelbar gegen Angst. Diese Jugendlichen benutzen Alkohol und weiche Drogen also zur Selbstmedikation. Weniger häufig werden sie von Medikamenten, wie Aspirin o.ä., abhängig. Auch Spielsucht und nach Ansicht einiger Experten Internetsucht folgen demselben Muster.

Risiken durch den Konsum von Alkohol und weichen Drogen

Obwohl der Gebrauch weicher Drogen bei den Jugendlichen nicht sehr verbreitet erscheint, darf nicht vergessen werden, dass die Risiken größer und die Auswirkungen schädlicher sein können als bei Älteren. In der Pubertät finden sehr entscheidende Hirnentwicklungen statt, die auch in Beziehung zur kognitiven Entwicklung stehen. Diese empfindlichen physiologischen Prozesse können leicht durch Rauschmittel gestört werden und manchmal bleibende Schäden nach sich ziehen. Untersuchungen ergeben, dass der Konsum von Rauschmitteln bei Jugendlichen langfristig zu bleibenden psychischen Schäden führen kann. In den letzten Jahren wurde vermutet, dass in manchen Fällen die weichen Drogen zu Schizophrenie oder Psychose führen können. Untersuchungen zeigen jedoch, dass in diesen Fällen bereits eine Veranlagung für die psychotische Entwicklung vorliegt. Der Konsum von Hanfprodukten führt in der Regel nicht zur körperlichen Abhängigkeit, das heißt, es kommt nicht zu körperlichen Entzugserscheinungen, wenn man nicht mehr kifft. Weiche Drogen können jedoch zur psychischen Abhängigkeit führen. Der Jugendliche verlangt immer öfter nach dem Rauschmittel, weil er sich dann besser fühlt. Dahinter verbirgt sich auf lange Sicht ein Risiko: Statt die Schwierigkeiten und Rückschläge zu lösen oder zu besprechen, kifft der Jugendliche seine Sorgen oder Enttäuschungen weg, wodurch langfristig die Schwierigkeiten nur noch zunehmen.

Übermäßiger Konsum von Alkohol und weichen Drogen bringt das Verhalten des Jugendlichen im Alltag stark durcheinander, wodurch auch entsprechende psychosoziale Probleme sichtbar werden. Oft gehen die Schulleistungen stark zurück, und manche Jugendliche schwänzen öfter die Schule. Diese Probleme in der Schule und zu Hause spielen dem Konsum von Alkohol und weichen Drogen in die Hand. Der Jugendliche gerät häufig in Beziehungskonflikte mit dem Netzwerk seiner Altersgruppe, was zu einer starken Einbuße von Lebensqualität führt: Freundschaften gehen in die Brüche und machen dem Drogengebrauch Platz für einen weniger erfreulichen Umgang mit problematischen Jugendlichen.

Junkie-Szenario

In einem fiktiven Szenario braucht ein achtzehnjähriger Adoleszenter ungefähr sechs Monate, um durch steigenden Konsum von weichen Drogen via Schul- und Arbeitsplatzproblemen, Konflikten zu Hause, Weglaufen, Berührung mit der Justiz und zunehmender sozialer Isolation in den Umkreis von Junkies zu geraten. Auf diesem Weg liegen viele Abzweigungen, die eine Möglichkeit zur Veränderung bieten. Interventionen aus dem Freundeskreis, Eingreifen durch die Schule und andere Präventions- und Hilfsprogramme bieten den Jugendlichen Möglichkeiten, einen anderen Kurs in ihrem Leben einzuschlagen. Glücklicherweise sind zahlreiche junge Menschen dazu im Stande, so dass vielen gefährdeten Adoleszenten geholfen werden kann. Jugendliche im Alter von elf bis fünfzehn Jahren können das Auffangnetz weniger nutzen. Hauptsächlich, weil sich die meisten Maßnahmen an ältere Adoleszente wenden und ein Jugendlicher weniger schnell Hilfe suchen wird. Eine dramatische Folge davon ist, dass ein dreizehnjähriger Jugendlicher keine sechs Monate braucht, um aus der Spur zu geraten, sondern den Weg in Richtung Junkie in weniger als sechs Wochen zurücklegen kann.

Reaktion der Eltern auf den Drogenkonsum Jugendlicher

Für viele Eltern ist das ein heikler Punkt, und sie fühlen sich unsicher, wie sie mit ihren Kindern umgehen sollen. Natürlich sind die Regeln darüber, was akzeptabel ist und was nicht, in jeder Familie anders. Alkoholkonsum und Rauchverhalten der Eltern haben natürlich eine wichtige Vorbildfunktion. Eltern können damit rechnen, dass die Jugendlichen dieses Argument in der Diskussion über den Suchtmittelgebrauch vorbringen werden. Eventuell können die Eltern ihre Sorgen über einen rauchenden Jugendlichen nutzen, um das eigene Rauchverhalten zu überdenken. Es ist auch wichtig zu bedenken, dass in der Mehrzahl der Familien wenig Konfliktbewusstsein oder Besorgnis über den Gebrauch von Alkohol, Zigaretten oder Drogen besteht.

Viele Eltern fürchten, dass sie in der Familie keinen Einfluss mehr auf den Jugendlichen haben werden, und fühlen sich schon im voraus ohnmächtig, ihrem Kind entgegenzutreten. Sie haben keine Sanktionsmöglichkeiten mehr, die das Verhalten des Jugendlichen steuern könnten, und glauben, dass Reden nicht viel hilft oder sogar das Gegenteil bewirkt, und vermeiden es, das Kind auf sein Verhalten anzusprechen.

Grenzen und Konflikte

Eine Mutter fragte um Rat, weil ihre dreizehnjährige Tochter darauf bestand, bei ihrem Geburtstagsfest auch Alkopops anzubieten. Der Vater war damit nicht einverstanden und die Mutter eigentlich auch nicht. Es gab einen heftigen Streit mit der Tochter, die entschieden wusste, dass sie nicht mehr dazugehören würde, wenn nur Erfrischungsgetränke gereicht würden. Die Tochter hatte auch gedroht, das Fest ganz platzen zu lassen, wenn es keine Alkopops gebe. Die Mutter rief bei der Beratungsstelle an, weil sie nicht wusste, wie sie sich verhalten sollte. Sie fürchtete, dass bei einem elterlichen Verbot ihre Tochter heimlich Alkopops trinken würde. Sie hatte außerdem Angst, keine stichhaltigen Argumente zu haben, um der Tochter in der Diskussion gewachsen zu sein. Einerseits war sie sich mit ihrem Mann einig, dass Alkohol in diesem Alter wirklich nicht angebracht ist, aber andererseits wollte sie ihre Tochter auch nicht zu kurz halten. Am liebsten würde sie mit ihrem Mann an einem Strang ziehen, aber sie fürchtete, ihr Verbot würde nur das Gegenteil bewirken. Im Gespräch wurde der Mutter bewusst, dass ihre tolerante Haltung dann vielleicht einen Konflikt mit ihrer Tochter verhindern könnte, wohl aber ein ernsthafter Konflikt mit ihrem Mann über den Alkoholkonsum ihrer Tochter entstehen könnte. Auf meine Frage hin erinnerte sich die Mutter allzu gut, wie schrecklich sie als Jugendliche den Streit ihrer Eltern über ihre Erziehung fand. Sie musste lachen, als sie sich erinnerte: Die Frage erübrigte sich eigentlich von selbst, und ihr wurde bewusst, dass ihre Tochter ein Recht darauf hat, dass sie und ihr Mann ihr energisch eine deutliche Grenze setzen.

Eltern, die nicht wagen, dem Verhalten der Jugendlichen Grenzen zu setzen, sind unabsichtlich selbst ein Risikofaktor dafür geworden, dass ihre Kinder psychische Probleme entwickeln. Dabei handelt es sich nicht nur um das Einschränken riskanten Verhaltens, sondern auch um Grenzen, die mit dem Familienleben, der Schule und sozialen Beziehungen zu tun haben. Viele Eltern machen sich nicht genügend bewusst (und ihre Kinder arbeiten mit daran), dass Jugendliche eindeutige Regeln brauchen, um diese wichtige Entwicklungsphase gut zu durchlaufen.

Grob gesprochen gibt es drei Arten von Reaktionen bei Eltern auf den Drogenkonsum Jugendlicher:

1. Eltern legen die Verantwortung für das Trinken von Alkohol und das Rauchen in die Hände der Jugendlichen: Diese sollen die nachteiligen Auswirkungen selbst entdecken. Dahinter steckt der Gedanke, der Jugendliche werde, durch Schaden klug geworden, von selbst auf dem rechten Weg landen.
2. Die Eltern verstehen den Alkohol und die weichen Drogen als Teil der Jugendkultur. Sie wollen jedoch Bescheid wissen, wie ihr Kind damit umgeht, und verlangen dann auch klare Abmachungen über wann, wie oft, wie viel und mit wem.
3. Eltern finden den Drogenkonsum der Jugendlichen inakzeptabel und verbieten ihnen, Alkohol zu trinken, zu kiffen und zu rauchen. Die Jugendlichen dürfen nicht auf Feste, wo Alkohol getrunken und geraucht wird. Auf das Übertreten des Verbotes stehen strenge Strafen.

Diese drei Beschreibungen sind zwar etwas stereotyp, aber Untersuchungen zeigen – und auch aus der klinischen Praxis kommen solche Hinweise –, dass Jugendliche, die einen wie unter 2. beschriebenen Umgang mit ihren Eltern haben, ein deutliche geringeres Risiko laufen, zu rauchen und auch weniger Alkohol konsumieren als diejenigen, aus den Familien des Typs unter 1. oder 3. Es ist nicht einfach, für diese Fakten eine schlüssige Erklärung zu finden. Naheliegend ist die Vermutung, dass in den Familien unter 1. und 3. am wenigsten durchsichtig wird, was der Jugendliche braucht, um den Drogenkonsum zu zügeln. In Familien unter 1., die man wohl auch eine Laissez-faire-Familie nennen kann, erfährt der Jugendliche offensichtlich zu schwammige Grenzen. Es wirkt zwar nach außen tolerant und vernünftig, und die Jugendlichen klagen auch nicht offen über die Erziehungsmaßnahmen ihrer Eltern, aber viele von ihnen sehen in der Toleranz nicht etwa eine Vergünstigung, sondern eine Vernachlässigung: »Es kümmert meine Eltern offensichtlich nicht, ob ich mich schlecht benehme oder nicht.« Die Eltern appellieren zwar an das Verantwortungsgefühl des Jugendlichen, aber es ist unschwer zu sehen, dass bei diesen Eltern die Angst, klare Grenzen zu setzen, und dadurch die Angst vor entstehenden Konflikten verschleiert wird.

Die Jugendlichen aus der Familie unter dem 3. Punkt bekommen zu wenig Verantwortlichkeit und zu wenig Raum, um selbst die Grenzen zu entdecken und zu lernen damit umzugehen. Sie empfinden das Übermaß an strengen Regeln als Bevormundung und überflüssige Einschränkung ihres Verhaltens. Sie passen sich jedoch zu Hause an und benehmen sich dann draußen schlecht. Auch hier scheint die Angst der Eltern ein wichtiges Motiv für ihr autoritäres Verhalten zu sein. Die Kinder aus den Familien von Typ 2 zeigen das geringste Risiko für Alkohol- und Drogenmissbrauch. Diese Eltern geben den Kindern eine angemessene eigene Verantwortlichkeit und ein gewisses Maß an Kontrolle, um selbst mit Alkohol und Drogen umgehen zu lernen. Natürlich ist das noch keine Antwort auf die Frage, warum in demokratischen Familien weniger Alkohol getrunken und weniger geraucht wird. Vermutlich empfindet man in gut funktionierenden Familien weniger Dinge als andauerndes Problem. Es ist auch eine bekannte Tatsache, dass Alkohol- und Drogenkonsum öfter in Familien mit Problemen vorkommen; der Erziehungsstil ist dann die Folge derselben Faktoren, die Anlass zu übermäßigem Alkohol- und Drogenkonsum geben.

In vielen Aufklärungsschriften wird geraten, demokratisch (Typ 2) mit dem Alkohol- und Drogenkonsum der Jugendlichen umzugehen. Hier sind wohl einige Fragezeichen angebracht. An erster Stelle ist nämlich nicht klar, ob die Familienkultur ein ursächlicher Faktor für den Drogengebrauch der Jugendlichen ist. Die Relation kann auch sehr plausibel umgedreht werden: Jugendliche, die keine nennenswerten Probleme mit Alkohol und Drogen haben, geben zu Hause wenig Anlass zu Konflikten und machen es den Eltern nicht sehr schwer. Andererseits geben Jugendliche mit problematischem Suchtmittelgebrauch Anlass zu gehörigen Konflikten in der Familie und zwingen die Eltern manchmal zu zwar wenig effektiven, aber dennoch autoritären Maßnahmen oder mutlosen Reaktionen: Mach doch, was du willst. Eine demokratische Handlungsweise ist also nicht in jedem Fall die geeignetste Methode, um mit dem Drogengebrauch Jugendlicher umzugehen. Die Jugendlichen unterscheiden sich und sind nicht alle gleich anfällig und haben auch unterschiedliche Motive für den Konsum von Drogen.

Manche von ihnen brauchen mehr Schutz vor dem Konsum von Alkohol und Drogen als andere. Auch unterscheiden sich die Jugendlichen stark in dem Grad, in dem sie eigene Verantwortung tragen können.

Sexualität, Drogen und Regeln sind die schwierigsten Gesprächsthemen mit Jugendlichen. Es ist leichter, einen Streit als ein Gespräch zu beginnen. Im Kapitel *Mit Jugendlichen sprechen* wird beschrieben, warum das oft so mühselig ist und sich als so kompliziert erweist. Einer der schwierigsten Punkte für die Eltern ist das schmerzliche Bewusstsein, dass ein schlichtes Verbot nicht ohne weiteres wirkt. Das gilt natürlich nicht nur für diese Verhaltensweisen, sondern für alle Aspekte der Pubertät. Eine wichtige Regel ist zu versuchen, mit dem Jugendlichen im Gespräch zu bleiben. Eine Haltung von: »Das dulde ich nicht und damit basta!«, ist nicht so produktiv.

Über den Alkohol- und Drogengebrauch Jugendlicher gibt es viel zu diskutieren. Diese denken zum Beispiel oft, alle Jugendlichen würden rauchen, trinken und weiche Drogen nehmen. Aus Statistiken geht hervor, dass das nicht der Fall ist. Es sagt eigentlich mehr etwas über die Kreise aus, in denen sich der Jugendliche bewegt. Oft denkt er, dass Kiffen nicht zur Abhängigkeit führt. Es wird aber immer deutlicher, dass, wenn das Kiffen in jungen Jahren beginnt, nicht nur die psychische Abhängigkeit sehr groß sein kann, sondern dass auch irreversible Hirnschädigungen auftreten können. Dafür gibt es immer mehr Hinweise.

Eltern brauchen natürlich nicht zu erwarten, dass der Jugendliche sagen wird: »Danke für deinen Ratschlag, Mama, du hast Recht.« Es ist die Pubertät, die hier ein Wörtchen mitredet, wodurch es den Jugendlichen immer schwerer fällt, die elterliche Autorität ohne Diskussion zu akzeptieren. Die meisten Jugendlichen nehmen gute Argumente jedoch durchaus ernst.

Wir müssen klar erkennen, dass Jugendliche ihre Eltern brauchen, um zu begreifen, dass es Grenzen für ihr Verhalten gibt. Viele Jugendliche testen die Grenzen aus und überschreiten sie gelegentlich, aber sie rechnen doch damit, dass, wenn sie aus der Bahn geraten sind, ihre Eltern präsent sind, um die Grenzen wiederherzustellen und den Schaden zu begrenzen. Doch müssen Eltern – nicht selten mit Bestürzung – einsehen, dass ein Verbot nicht mehr wirkt und dass Strafen angesichts des Tatendrangs vieler Jugendlicher ihre Wirkung verlieren. Anders als in der Kindheit kann ein Jugendlicher nicht ohne weiteres mit einer Sanktion gezwungen werden, einen Wunsch oder den Willen seiner Eltern zu erfüllen. Es hat dann auch keinen Sinn mehr, bei einem Streit mit Strafen zu drohen.

Wenn Grenzen dauerhaft oder dramatisch übertreten werden

Es sind Situationen vorstellbar, in denen das grenzüberschreitende Verhalten des Jugendlichen nicht akzeptiert werden kann. Natürlich sind die Grenzen in jeder Familie anders, aber für die meisten Eltern überschreitet zum Beispiel das Stehlen von Geld, körperliche Gewalt gegen Familienmitglieder oder das Verkaufen von Sachen, die jemandem aus der Familie gehören, die äußerste Grenze. In diesem Fall ist eine Heimunterbringung – so schmerzlich sie auch für alle Beteiligten ist – manchmal nicht zu vermeiden. Auch die Aufnahme in einer psychiatrischen Einrichtung kann angezeigt sein.

Die Ursache des grenzüberschreitenden und aggressiven Verhaltens liegt nicht immer bei den Jugendlichen. Manche Eltern machen es ihnen sehr schwer, sich an die Regeln zu halten. Eltern können dabei zu weit gehen, wenn sie zum Beispiel die Intimsphäre des Jugendlichen nicht mehr respektieren oder ihn allzu sehr in seiner normalen Bewegungsfreiheit einschränken. Die Kommunikation zwischen dem Jugendlichen und den Eltern verschlechtert sich, und es kommt zum Machtkampf, der am Ende nur Verlierer kennt.

Einige Regeln für das Gespräch mit Jugendlichen über rauchen, trinken und kiffen

Was sinnvoll ist

Sprechen Sie über Ihre eigenen Gefühle der Angst und Besorgnis.
Lassen Sie den Jugendlichen sagen, warum er Drogen nimmt.
Stellen Sie Fragen, wenn Sie etwas nicht verstehen, und urteilen Sie nicht vorschnell.
Vereinbaren Sie mit dem Jugendlichen einen Termin, um über den Drogengebrauch zu sprechen. Über den Drogengebrauch des Jugendlichen müssen Eltern absolut an einem Strang ziehen.
Ermutigen Sie zu Gesprächen über ihre Beziehung zu dem Jugendlichen.
Akzeptieren Sie es, wenn der Jugendliche nicht mit Ihnen übereinstimmt.
Ermutigen Sie den Jugendlichen, die Schwierigkeiten aufzulösen.
Seien Sie neugierig auf die Motive des Jugendlichen.
Verschieben Sie das Gespräch, wenn es in einem Konflikt zu versanden droht.Seien Sie klar und bestimmt, wenn es sich um Grenzen und Regeln handelt.
Nehmen Sie sich eine Auszeit, wenn Sie merken, dass Sie böse oder gereizt werden.

Akzeptieren Sie, dass der Jugendliche andere Dinge wichtig findet als Sie.
Seien Sie zum Kompromiss bereit.Teilen Sie mit, wo der Jugendliche Aufklärung und Hilfe für Alkohol und Drogen bekommen kann.
Belohnen Sie das Verhalten des Jugendlichen, wenn es in die richtige Richtung geht.
Respektieren Sie die Intimsphäre des Jugendlichen.
Gehen Sie davon aus, dass Sie dem Jugendlichen vertrauen können, bis sich das Gegenteil erweist.
Halten Sie sich an die Absprachen, die Sie mit dem Jugendlichen getroffen haben.

Was man nicht tun soll
Vermeiden Sie ein Gespräch, das ausschließlich vom Verhalten des Jugendlichen statt von Ihrer Beziehung zu ihm handelt.
Streiten Sie sich als Eltern nicht im Beisein des Jugendlichen über dieses Thema.Zwingen Sie den Jugendlichen nicht, Ihnen Recht zu geben.
Beziehen Sie keine Freunde oder Freundinnen des Jugendlichen in die Gespräche ein.
Vermeiden Sie Eskalationen, indem Sie das Gespräch rechtzeitig stoppen, und sagen Sie, dass Sie später darauf zurückkommen werden; tun Sie das dann aber auch.
Lassen Sie den Jugendlichen nichts versprechen, was Sie dann nicht kontrollieren können.
Machen Sie dem Jugendlichen keine Schuldgefühle.
Vermeiden Sie ein Gespräch, das ausschließlich von Verboten und Sanktionen handelt.
Drohungen mit ernsten Folgen für die Zukunft sind meist nicht wirksam.
Erlegen Sie keine Sanktionen oder Strafen auf, die Sie nicht wahrmachen können oder durchführen werden.
Durchsuchen Sie nicht das Zimmer des Jugendlichen.
Drohen Sie dem Jugendlichen nicht mit Liebesentzug.
Erzählen Sie keine Lügen.

Ein Kampf mit lauter Verlierern
Thomas ist vierzehn Jahre alt, als er in der Schule beim Verkauf weicher Drogen an einen Schüler der Förderstufe erwischt wird. Die Schule benachrichtigt sofort die Eltern und verweist Thomas der Schule. Nach einem Gespräch mit den Eltern wird dies in eine Suspendierung umgewandelt. Da Thomas bisher keinen Anlass zu Disziplinarmaßnahmen

gegeben hat, wird die Polizei nicht verständigt. Zu Hause ist man sehr bestürzt. Thomas' Eltern wussten zwar, dass er Drogen nahm, aber das Dealen finden sie absolut nicht akzeptabel. Er tat es allein auf Bitten des Schülers der Förderstufe, der kein »Gras« zu kaufen wagte. Thomas hat für sein Verhalten keine andere Erklärung und streitet heftig alle anderen Motive ab. Er behauptet, keine Geldprobleme zu haben, nicht unter Druck zu stehen und keinen Kontakt zu Drogenhändlern zu haben. Die Eltern verhängen ein Ausgangsverbot von zwei Monaten. Außerdem muss er jeden Tag sofort nach der Schule nach Hause kommen und darf keine Freunde mitbringen. Thomas findet die Strafe viel zu streng, findet aber kein Gehör für seine Einwände. In der zweiten Woche des Hausarrestes klettert er abends um 23 Uhr aus seinem Schlafzimmer, um zur Geburtstagsfeier seines besten Freundes zu gehen. Um 3 Uhr kommt er nach Hause. Die Eltern sind wütend und streichen ihm zur Strafe das Taschengeld. Zusätzlich bekommt Thomas ein Internet- und Chatverbot. Die Fernsehzeiten werden gekürzt. Die Eltern wollen nicht mehr mit ihm sprechen, bis er gezeigt hat, dass er sich an die Regeln halten kann. Eine Woche später wird Thomas ertappt, als er in seinem Zimmer raucht, und der Vater findet auch ein paar leere Bierflaschen. Die Eltern sind ratlos und wissen nicht mehr, welche Strafe sie sich noch ausdenken sollten, um Thomas unter Kontrolle zu bekommen. Von nun an muss er in seinem Zimmer essen und darf nicht mehr fernsehen. Eine Woche später läuft Thomas von zu Hause weg. Die Eltern schalten die Polizei ein. Thomas ruft abends spät an, und sagt, dass er bei einem Freund übernachtet. Die Eltern drohen, dass, wenn er jetzt nicht nach Hause käme, er nie mehr zu kommen brauche. Thomas bleibt weg.

An sehr vielen Fronten ist die Kommunikation zwischen Thomas und seinen Eltern gescheitert. Die Strafe steht nicht in Relation zum Verhalten, sondern scheint mehr von der Angst der Eltern bestimmt zu sein, Thomas werde endgültig auf die schiefe Bahn geraten. Die Sanktionen werden nicht von den Eltern kontrolliert und nicht von Thomas eingehalten, weil sie ihn zu hart auf Gebieten treffen, die für einen Jugendlichen lebensnotwendig sind. Es bleibt auch unklar, warum Thomas seine Eltern so provoziert. Jedenfalls gibt es niemanden mehr, der über die Situation nachdenkt. Es gibt keinen Meinungsaustausch und keine Besorgnis. Die Kommunikation besteht nur noch aus Agieren und führt jedes Mal zu einer Steigerung: immer wieder strengere Sanktionen für immer ernsthaftere Übertretungen.

Es kommt zum Machtkampf, den die Eltern immer verlieren – und dadurch auch der Jugendliche.

Viele Eltern, Lehrer und Berater oder Therapeuten kennen die Situation, dass jeder davon überzeugt ist, der Jugendliche könne Hilfe brauchen, um den Konsum von Drogen oder Alkohol in Grenzen zu halten oder unter Kontrolle zu bringen. Aber der Jugendliche sieht das als einziger nicht ein. Das übernächste Kapitel befasst sich ausführlich mit der Motivation für und dem Widerstand der Jugendlichen gegen eine Behandlung. Hier genügt die Bemerkung, dass, auch wenn der Jugendliche die Hilfe für sich nicht für nötig hält, Eltern von den Hilfsangeboten Gebrauch machen können. Nicht nur die Eltern, sondern auch andere Familienmitglieder leiden oft unter dem aus dem Ruder gelaufenen Verhalten des Jugendlichen und können professionelle Hilfe gut gebrauchen.

Die Drohung mit Suizid und eine Bemerkung über Selbstschädigung

Im Gegensatz zu Jugendlichen, die sechzehn Jahre und älter sind, kommt Suizid in der Altersgruppe der Elf- bis Fünfzehnjährigen sehr selten vor. In den Niederlanden kommen pro Jahr drei Jugendliche im Alter von elf bis vierzehn Jahren durch Suizid ums Leben. Vermutlich sind es einige mehr, denn manche Sterbefälle werden nicht als Suizid gerechnet, obwohl es doch manchmal plausibel gewesen wäre. Zum Beispiel bei einem Jungen von dreizehn Jahren, der erfuhr, er sei zum zweiten Mal in der Förderklasse sitzen geblieben und müsse die Schule verlassen. Nach dem Unterricht stieg er verstört auf sein Fahrrad und fuhr ein paar hundert Meter weiter ins Wasser und ertrank.

Die Anzahl der Suizidversuche Jugendlicher in den Niederlanden zwischen elf und fünfzehn Jahren liegt beträchtlich höher. Obwohl es nicht systematisch untersucht wird, lässt sich aus aktuellen Forschungsergebnissen doch ein Bild gewinnen. Bei Kindern vor der Pubertät kommt ein Versuch nur sporadisch vor. Aber von den Fünfzehnjährigen haben ungefähr drei Prozent einen ernst zu nehmenden Suizidversuch unternommen. Obwohl der Prozentsatz nicht hoch zu sein scheint, handelt es sich doch um ungefähr 30.000 Jugendliche, die sich so verzweifelt fühlen, dass ihnen ein Suizidversuch die einzige Lösung zu sein scheint.

Die Verhältnisse in Deutschland

Das Statistische Jahrbuch (2008) weist für das Jahr 2006 insgesamt 1.095 Suizide bei Kindern und Jugendlichen aus. Dabei ist zu beachten, dass dem das Altersspektrum von fünf bis 25 Jahre zugrunde gelegt ist. Im Einzelnen wurde die folgende Aufschlüsselung vorgenommen: 5-15 Jahre 132 Suizide (♂ 20, ♀112), 15-25 Jahre 963 (♂ 454, ♀ 509). Das waren drei Suizide pro Tag. Über Suizidversuche sind keine verlässlichen Angaben zu finden, doch ist anzunehmen, dass die Zahl wesentlich höher liegt als die der vollendeten Suizide.

Jugendliche und der Tod

Erst in der Pubertät entsteht das Bewusstsein, dass der Tod unvermeidlich das Ende des Lebens darstellt. Für einen Jugendlichen ist der Gedanke an eine endliche Existenz sowohl eine Kränkung als auch eine emotionale Herausforderung. Wie ist der Tod? Hört alles auf? Gibt es ein Jenseits? Gibt es den Himmel, die Hölle? Aber die größte kognitive Herausforderung für den Jugendlichen ist die Tatsache, dass kein Mensch sich den eigenen Tod vorstellen kann. Der Jugendliche sieht sich in der Fantasie doch immer wieder als Zuschauer zum Beispiel seiner eigenen Beerdigung, eines tödlichen Unfalls oder der Selbsttötung. Das schwache Bewusstsein von einem absoluten Ende gibt den Fantasien und Illusionen der Unsterblichkeit Nahrung, aber schließlich wird jeder Jugendliche einsehen müssen, dass Sterblichkeit das Los aller Menschen ist.

Für die meisten Suizidversuche in der Pubertät gilt, dass kein bewusster Todeswunsch besteht. Ein Selbstmordversuch ist meistens nicht ein misslungener Suizid. Eher ist es umgekehrt: Ein vollendeter Suizid ist meist ein misslungener Suizidversuch. Viele Jugendliche beschäftigen sich mit Gedanken über den Tod und die Möglichkeit des Suizids. 35 Prozent der Fünfzehnjährigen denken oft daran, ihrem Leben ein Ende zu bereiten. In sehr vielen Fällen handelt es sich nicht um ein ernsthaftes Vorhaben, sondern mehr um ein spannendes Gedankenexperiment, über das man fantasieren, einen Aufsatz oder ein Gedicht schreiben kann. Für manche Jugendliche kann der »Flirt mit dem Tod« ein aufregendes Abenteuer und das Aufsuchen einer Grenze bedeuten.

Russisches Roulett – anders

David ist dreizehn Jahre alt. Er kommt wegen depressiver Episoden in Behandlung. In einer Sitzung gesteht er ein Spiel, das er seit ein paar Wochen mit sich selbst spielt. Er vereinbart mit sich einen Tag und eine Zeit. Dann geht er an eine vierspurige, stark befahrene Straße in der Nähe seiner Schule, zählt mit geschlossenen Augen bis dreizehn und überquert, ohne sich umzuschauen, die Fahrbahn. Er nennt diese Übung Angstbeherrschung. Das hat er dreimal gemacht, und beim dritten Mal konnte ihm ein Auto mit quietschenden Reifen gerade noch ausweichen. Zu seiner eigenen Überraschung und mit Schrecken stellte er fest, nie daran gedacht zu haben, die Übung könne einen wirklich tödlichen Ausgang nehmen.

Hintergrund

Es ist ein weit verbreitetes Missverständnis, dass ein Suizidversuch oder ein Suizid sich vor allem vor dem Hintergrund einer Depression abspielt und dass das depressive Gefühl das Motiv für den Suizid (bzw. Suizidversuch) sei. Natürlich gibt es depressive Jugendliche, die einen Suizidversuch unternehmen, aber im Gespräch mit ihnen stellt sich heraus, dass sie zwar oft an den Tod denken und dass das Leben sich häufig tot anfühlt, aber dass beim Jugendlichen gerade die Hoffnung besteht, am Ende des dunklen Tunnels scheine ein Licht. Viele depressive Jugendliche haben das Gefühl, dass es eine Lösung für ihre Misere gibt. Genau diese Hoffnung bringt sie zum Therapeuten und/oder Berater und schützt sie vor einem Suizidversuch.

Jugendliche, die mit einem Suizidversuch drohen oder einen solchen unternommen haben, kann man in groben Zügen in zwei Gruppen einteilen:

Eine Gruppe mit langer Problemgeschichte von der frühen Kindheit bis zur Adoleszenz. Das Kind ist dadurch den Aufgaben der Pubertät nicht gewachsen. Alle neuen Entwicklungslinien (Sexualität, Kognition und Narzissmus) werden als bedrohlich empfunden, weil sich der Jugendliche für die Aufgaben, vor die er sich gestellt sieht, keine Lösung ausdenken kann und weil er keine Familie hat, in die er sich sicher fallenlassen kann. Er gerät in eine psychologische Sackgasse und in zunehmende Isolation, in der er den Suizidversuch als verzweifelten Versuch, einer verzweifelten Situation ein Ende zu bereiten, empfindet. Viele dieser Jugendlichen haben ein erhöhtes Risiko, eine Persönlichkeitsstörung zu entwickeln. Das Risiko einer suizidalen Krise wächst durch Alkohol und Drogen, weil diese Mittel oft die letzte Hemmschwelle vor der Durchführung und dem Versuch eines Suizids beseitigen.

Man kann eine zweite Gruppe Jugendlicher abgrenzen, die in einer Umgebung mit wenig auffälligen Ereignissen in ihrem Leben aufwächst. Sie scheinen eine ausgeglichene und stabile Entwicklung durchzumachen. Wenn sie jedoch mit einer plötzlichen Erschütterung, wie dem Tod eines Elternteils, einem sexuellen oder aggressiven Trauma oder einer ernsthaften Krankheit, konfrontiert werden, kann das in dieser Gruppe zu einer schwerwiegenden Desintegration führen, die oft im Zusammenhang mit Drogen zu einer suizidalen Krise führen kann. Es handelt sich dann offensichtlich insbesondere um verletzliche Jugendliche, für welche die äußeren Ereignisse die Belastbarkeit übersteigen.

Selbstverletzendes Verhalten

Selbstverletzungen kommen bei Jugendlichen – vor allem bei Mädchen – öfter vor, als man denkt. Ungefähr fünf Prozent der Mädchen in der Pubertät haben sich selbst absichtlich verletzt, zum Beispiel durch Kratzen, Ritzen oder Schneiden; oft an Stellen, die für andere nicht gut sichtbar sind: Oberschenkel, Unterbauch und Unterarme. In der klinischen Praxis fällt auf, dass der Hintergrund des selbstverletzenden Verhaltens fast derselbe ist wie beim Suizidversuch. Eine andere auffallende Parallele ist, dass die Selbstverletzung dieselbe Funktion hat wie suizidales Verhalten, nämlich einen Versuch darstellt, einem unerträglichen oder überwältigenden Gefühl (Angst, Verwirrung und psychischer Schmerz) ein Ende zu bereiten. Viele Jugendliche, die sich selbst verletzen, denken auch oft an einen Suizidversuch.

Signale

Über 80 Prozent der Jugendlichen, die einen ernsthaften Suizidversuch unternommen haben, haben im vorausgegangenen Monat Hilfe bei einem Erwachsenen gesucht. Das bedeutet: Alle Jugendlichen teilen sich irgendwie mit, werden aber nicht immer gehört! Ein Missverständnis, das man oft zu hören bekommt, behauptet, Jugendliche, die offen mit Suizid drohen, würden es nicht tun. Obwohl das glücklicherweise oft genug der Fall ist, wird diese Auffassung jedoch in zu vielen Fällen in der Praxis dramatisch widerlegt.

Im Kapitel *Probleme von und mit Jugendlichen* wurde bereits eine Aufstellung von Signalen wiedergegeben, die auf Probleme von Jugendlichen hinweisen können. Diese Liste ähnelt stark den Signalen, die spezifischer auf die Möglichkeit eines suizidalen Verhaltens hinweisen. Das verwundert nicht, wenn man bedenkt, dass suizidales Verhalten keine Störung, sondern ein akuter Ausweg aus einer Krise ist. Deshalb kann Suizidalität in völlig verschiedenen Situationen eine Rolle spielen. Wenn ein Jugendlicher *eines* der folgenden Signale aussendet, will das natürlich nicht direkt heißen, dass es sich um eine Suiziddrohung handelt. Es kann auch etwas anderes zu Hause, in Beziehungen oder mit ihm selbst vorliegen.

Gibt der Jugendliche aber zwei oder mehr der nachfolgenden Verhaltensweisen zu erkennen, rechtfertigen diese Signale ein Gespräch mit ihm, nicht nur über einen möglichen Suizidgedanken, sondern auch darüber, wie das Leben für ihn aussieht:

1. Die Äußerung eines Todeswunsches
2. Depression, Rückzug, Verschenken von persönlichem Eigentum, unerwartetes Beenden fester Aktivitäten
3. Vernachlässigung des Äußeren, starke Gewichtsabnahme, Verwahrlosung
4. Nicht voraussagbares Verhalten: Ausbrüche von Wut und Weinen, Anwendung von Gewalt, Weglaufen
5. Schule: auffallende Verschlechterung, Schwänzen, Beschäftigung mit dem Tod, zum Beispiel in einem Aufsatz, oder »unabsichtliches« Liegenlassen eines Abschiedsbriefs
6. Zunehmender, manchmal exzessiver Konsum von Alkohol und (weichen) Drogen
7. Der wichtigste Risikofaktor für einen Suizidversuch ist ein früherer Versuch.

Im Kapitel *Mit Jugendlichen sprechen* werde ich ausführlich darauf eingehen.

Ein Jugendlicher wird nicht leicht von sich aus mit einem empfindlichen oder schwierigen Thema beginnen. Das ist ihm zu peinlich, und er weiß auch nicht richtig, wie er über sich selbst sprechen soll. Fast alle Jugendlichen finden es angenehm, wenn ein Erwachsener auf sie zugeht, um zu fragen, wie es ihnen wirklich geht. Sie empfinden das als aufrichtigen Beweis von Interesse, auch wenn sie es sich oft nicht anmerken lassen. Der Erwachsene muss eine Schwelle überwinden und auf den Jugendlichen zugehen und sich informieren, wie es um ihn steht. Die Erwachsenen fürchten oft, gerade wegen der gleichgültigen und manchmal rundweg herablassenden Reaktion des Jugendlichen einen Korb zu bekommen. Ein Gespräch – meistens auf Initiative des Erwachsenen – kann den Jugendlichen aber enorm erleichtern. Er fühlt sich beachtet, und die Scham, über etwas Schwieriges zu reden, kann sich durch ein Gespräch stark vermindern.

Was tun, wenn man ein Suizidrisiko vermutet?

1. *Fragen Sie den Jugendlichen nach konkreten Plänen und wieweit sie gediehen sind. Je konkreter und je fortgeschrittener die Vorbereitung, desto größer ist das Risiko eines Suizidversuchs.*
2. *Sagen Sie dem Jugendlichen, dass er professionelle Hilfe braucht, um mit dieser Krise umzugehen, aber bleiben Sie trotzdem mit ihm im Gespräch.*

3. *Sorgen Sie dafür, dass der Jugendliche sicher ist: nicht zu lange allein, kein Alkohol, keine Drogen. Sprechen sie klare kurze Termine ab, aktivieren Sie diskret das Netzwerk der Freunde und Mitschüler.*
4. *Bleiben Sie als zeitweiliger Berater nicht allein, denken Sie nicht zu schnell, der Einzige zu sein, der diesen Jugendlichen versteht oder ihm helfen kann, sondern überlegen Sie mit Kollegen, dem Helferteam oder anderen das beste Vorgehen in diesem Fall. Auch der Kontakt mit den Eltern (in Absprache mit dem Jugendlichen) ist wichtig, lediglich in Ausnahmesituationen (zum Beispiel bei der Vermutung sexuellen oder aggressiven Missbrauchs) werden die Eltern nicht in die Hilfe für den suizidalen Jugendlichen einbezogen.*
5. *Je ernsthafter Sie das Risiko einschätzen, desto dringlicher muss etwas getan werden.*
6. *Versprechen Sie dem Jugendlichen nichts, was Sie nicht halten können/wollen (zum Beispiel absolute Vertraulichkeit, kein Kontakt mit den Eltern).*
7. *Wenn es um die Sicherheit des Jugendlichen geht, ist es notwendig, die Akutpsychiatrie über den Hausarzt oder das Helferteam einzuschalten. Seien sie auch kritisch, so dass diese das Notwendige tun. Die Sicherheit des Jugendlichen steht an oberster Stelle.*

Motive

Suizidales Verhalten in der Pubertät ist niemals normal oder üblich. Das scheint vielleicht eine überflüssige Bemerkung zu sein, aber aus der Sicht der klinischen Praxis ist es manchmal eine bekannte – aber auch erstaunliche – Tatsache, dass ein Suizidversuch sowohl von der Familie als auch dem Jugendlichen als eine Episode abgetan wird. Der Jugendliche hatte ein Gespräch mit einem Berater und ist nun davon überzeugt, dass Suizid keine Lösung ist. Die Eltern betrachten den Suizidversuch als einen Zwischenfall oder gar ein unabsichtliches Versehen. Es ist nicht schwer zu sehen, dass Scham und Schuldgefühle einen wichtigen Anteil zu dieser Abwehrhaltung beisteuern. Die Realität sieht jedoch ganz anders aus. Ein Suizidversuch ist das wichtigste Kriterium, um einen weiteren Versuch vorauszusagen. Er weist immer auf einen Zustand hin, in dem der Jugendliche den Kontakt mit der Realität (vorübergehend) verloren hat. Suizidales Verhalten ist eine absolute Indikation für professionelle Hilfe.

Jugendliche können unterschiedliche Motive für einen Suizidversuch haben. Viele dieser Motive sind direkt sichtbar oder greifbar, auch für den

Jugendlichen selbst. In vielen Fällen ist jedoch nicht so schnell klar, warum er einen Suizidversuch unternommen hat, und man kann es erst in einer Psychotherapie herausfinden. Dabei scheint es bei einem Suizidversuch in der Pubertät fast immer um eine Situation zu gehen, die der Jugendliche als aussichtslos und unerträglich erlebt: eine Krise, der er nicht mehr standhalten kann. Der einzige Ausweg scheint dann zu sein, die Situation drastisch zu beenden. Hinter der aussichtslosen Situation können sich mehrere Motive verbergen.

Vorübergehendes Wegschieben einer unerträglichen Kränkung: Jugendliche sind sehr empfindlich gegenüber einer Verletzung des Selbstgefühls. Wenn das Selbstgefühl auf eine pathologische Weise aufrecht erhalten werden muss, kann eine Kränkung so schmerzhaft sein, dass die Schamattacke eine suizidale Krise einläutet.

Vorübergehendes Wegschieben zu heftiger sexueller Gefühle: In der Pubertät werden manche Kinder von sexuellen Gefühlen überflutet, insbesondere homosexuelle Gefühle können den Jugendlichen sehr ängstigen. Da der Körper der Repräsentant der unerwünschten und bedrohenden Sexualität ist, hassen ihn manche Jugendliche und wollen ihn durch Suizid vernichten.

Vorübergehendes Wegschieben einer unerträglichen Situation: Bei den Hintergrundmotiven wurde bereits erwähnt, dass es zu einer akuten suizidalen Krise kommen kann, wenn ein verletzlicher Jugendlicher in eine Situation gerät, die seine Belastbarkeit übersteigt.

Manipulation: Ein weiteres Motiv für einen Suizidversuch ist die Manipulation von Erwachsenen oder Altersgenossen. Manche Jugendliche versuchen, durch eine Suiziddrohung die Aufmerksamkeit der Erwachsenen auf sich zu ziehen oder die Eltern spüren zu lassen, dass sie sich vernachlässigt fühlen.

Ein Suizidversuch ruft in der Umgebung, vor allem in der eigenen Familie, starke Reaktionen hervor. Nicht nur Sorge und Erleichterung, dass der Suizidversuch nicht tödlich verlief, sondern auch Wut und Unverständnis. Eltern sind oft wütend, weil der Jugendliche ihnen das antut, sie offenbar nicht genug liebt, um am Leben zu bleiben, sie nicht um Hilfe gebeten hat und ihnen Schande und Schuldgefühle bereitet. Auch bei den Beratern ruft der Suizidversuch oft heftige Gefühle hervor. Sie werden oft böse, weil der Jugendliche sich etwas antut, was sie zum Handeln zwingt. Viele Suizidversuche sind unbewusst dazu bestimmt, das Gefühl der Ohnmacht umzukehren, was die Berater nicht gut ertragen.

Mit Jugendlichen sprechen

Fast alle Erwachsenen merken, dass das Gespräch mit einem Jugendlichen nicht einfach ist. In der Kindheit ist der gegenseitige Kontakt oft sehr entspannt. Die Eltern haben einen selbstverständlichen Zugang zur Innenwelt des Kindes. Das heißt, dass sie in der Regel ziemlich gut wissen, was in den Kindern vorgeht, worüber die sich sorgen oder freuen. Eltern – aber auch andere Erwachsene im Umfeld des Kindes – haben meistens das Gefühl, es ziemlich gut zu kennen. In der Latenzzeit sind die Kinder ja auch gut zu verstehen. In Spiel, Verhalten und Sprache sind sie im Grundschulalter gewöhnlich ziemlich gut durchschaubar.

Viele Eltern und auch Lehrkräfte machen die Erfahrung, dass sich zu Beginn der Pubertät die Qualität des Kontaktes zum Kind entscheidend verändert. Manchmal geschieht das ganz allmählich, manchmal ziemlich abrupt. Der Jugendliche ist im Kontakt weniger zu durchschauen und weniger zugänglich. Manche Jugendliche werden schweigsam und ziehen sich in ihr Zimmer zurück und lesen oder hören Musik. Andere vermeiden den Kontakt mit den Familienangehörigen. Oft scheinen manche Themen, über die in der Latenz sehr gut gesprochen werden konnte, plötzlich tabu zu sein; zum Beispiel die äußere Erscheinung, die Kleidung und die Hausaufgaben.

Die Interaktionen zwischen Erwachsenen und Jugendlichen verändern sich in kurzer Zeit sehr stark. Für viele Eltern stellt es einen Schock dar festzustellen, dass dadurch auch die selbstverständliche Vertrautheit aus dem Umgang verschwindet. Auch andere Verhaltensweisen weisen in diese Richtung. Das Badezimmer wird abgeschlossen, der Jugendliche erzählt nicht mehr, was er in der Schule gemacht hat usw. Vor allem dann, wenn das Gesprächsthema persönlicher wird, zum Beispiel, wie der Jugendliche sich fühlt oder wie es ihm geht, wird es sehr schwierig für ihn. Er verschließt sich, und auf die Frage, wie er sich fühlt, folgt ein tiefes Stillschweigen und ein glasiger Blick. Im Gespräch mit dem Jugendlichen wird auch die Atmosphäre sehr schnell unangenehm. Es kommt zu peinlichem Schweigen, der Erwachsene fühlt sich gezwungen, das Gespräch in Gang zu halten, indem er viele Fragen stellt, die einsilbig beantwortet werden. Sowohl Eltern wie Lehrkräfte und Berater klagen über die Unerreichbarkeit des Jugendlichen.

Das ist natürlich nicht immer so. Es gibt Jugendliche, mit denen man gut sprechen kann, und glücklicherweise kennen viele Eltern die Situation, dass die gefühlsmäßige Verbindung zu ihrem Kind nicht verlorengeht. Aber nicht wenige Eltern erleben mitunter, dass sie sich von ihrem Kind entfremdet fühlen, es kaum wiedererkennen und das Gefühl haben, dass sie das liebe und folgsame Kind der Latenzzeit ein für allemal verloren haben. Dieser Verlust der Kommunikation steht oft in schroffem Kontrast zu der Kommunikationsexplosion mit Gleichaltrigen über Chat und SMS.

Woher kommen die Kommunikationsprobleme?

Es ist nicht schwer, dieses Verhalten zu verstehen. Die meisten Eltern begreifen glücklicherweise, dass der Jugendliche ein größeres Bedürfnis an Intimsphäre hat und dass dieses Verhalten einen Schritt hin zu dem notwendigen Ablösungsprozess darstellt. Die aufblühende Sexualität, der sich verändernde Körper und die Unsicherheit, die das mit sich bringt, spielen dabei eine wichtige Rolle. Im Kapitel über Narzissmus und Selbstwertgefühl wurde besprochen, wie in der Pubertät die Scham im Kontakt mit anderen von Bedeutung ist. Das macht die Kommunikation mit Jugendlichen, vor allem wenn es um wichtige Dinge geht, nicht einfach. Der Jugendliche empfindet Bemerkungen über sein Verhalten oder sein Gefühl ganz schnell als sehr eindringend. Er wehrt sich dagegen und schützt sich durch Schweigen, Großmäuligkeit, sarkastische Bemerkungen und Frechheit. Es ist für Eltern und andere Erwachsene schwer, in dem frechen Verhalten gerade die Verletzlichkeit zu sehen: den Versuch, den bedrohlichen Erwachsenen auf Abstand zu halten.

Aber es kommen mehrere Faktoren zusammen, wenn es um die Kommunikation mit Jugendlichen geht. Neben der Empfindlichkeit gegenüber Scham spielt auch die kognitive Entwicklung in der Kommunikation eine Rolle. Wie im Kapitel über die kognitive Entwicklung beschrieben, macht der Jugendliche die ersten Schritte auf dem Gebiet der Introspektion und lernt allmählich, über seine Innenwelt zu sprechen. Infolge dessen beginnt er, sich bewusst zu werden, dass man Gefühle und Erfahrungen mit einem anderen teilen und dass man über Gefühle sprechen kann. Am Anfang der Pubertät ist dieser Prozess sehr zerbrechlich, doch im weiteren Verlauf macht der Jugendliche auf diesem Gebiet wichtige Fortschritte. Vor allem wenn die Pubertät beginnt, merkt der Erwachsene, dass sich zwar alles im Kopf des Kindes oder Schülers abspielt, dass der Jugendliche aber darüber nur sehr wenig sagen kann. Während es für den Erwachsenen in der Regel normal ist, sich darüber zu erkundigen, stößt eine naheliegende Frage über Gefühle bei dem Jugendlichen oft auf große Verständnislosigkeit. Das ist einer der Gründe, warum Jugendliche selten von sich aus um Hilfe bitten, denn die kognitive Ausrüstung, um sich selbst gefühlsmäßig einzuschätzen, ist noch nicht ganz ausgebildet. Ein Jugendlicher kann also nicht sagen oder denken: »Ich merke, dass ich mich jeden Tag langweile, darüber werde einmal mit jemandem sprechen.«

In der Pubertät sind die Gefühle individuelle Zustände, die sich vor allem auf den Jugendlichen selbst beziehen und kaum in einem rationalen Kontext verstanden werden. Zu Beginn der Pubertät können Jugendliche zwar über Verhalten, aber noch nicht über Gefühle sprechen. Am Ende der Pubertät (mit fünfzehn/sechzehn und mehr Jahren) geht es schon viel besser. Erst dann wird das Erleben im Gespräch zugänglich. Von diesem Augenblick an stellen die Erwachsenen mehr Gegenseitigkeit im Kontakt fest: Eigene Erfahrung wird die Grundlage des persönlichen Umgangs. Am Anfang der Pubertät ist das informative Gespräch über das Gefühl des Jugendlichen also oft zu hoch gegriffen, und er empfindet es als Blamage, dass er die Frage nicht beantworten kann. Versagensgefühle verstärken die Scham, worunter der Jugendliche zusammenbricht. Im »Gespräch« mit dem Jugendlichen zu Anfang der Pubertät ist es hilfreich, wenn der Erwachsene sich mehr nach dem Verhalten als nach dem Gefühl erkundigt.

Ein zweiter Faktor, der die Kommunikation mit dem Jugendlichen über persönlichere Dinge schwierig macht, ist die Angst vor dem Eindringen. Durch die großen körperlichen Veränderungen, die neuen kommunikativen Möglichkeiten, aber vor allem durch das fragile Selbstgefühl ist der Jugendliche sehr empfindlich gegenüber Grenzüberschreitungen bzw. Grenzverletzungen. Eine persönliche Frage oder eine Frage nach dem Gefühl ist dann nicht nur schwierig, sondern bedrohlich und eindringend. Der Jugendliche fürchtet, der Erwachsene komme ihm zu nahe. Gerade im frühen Ablösungsprozess, den ersten Schritten in die notwendige Trennung, werden persönliche Fragen als sehr bedrohend empfunden. Die Kindheit, in der die Erwachsenen noch einen selbstverständlichen Zugang zur Innenwelt haben, liegt ja noch nicht so weit zurück. Dichtmachen und Schamanfälle oder eine scherzhafte Bemerkung sind die Folge.

Es besteht somit das große Risiko des Pseudokontaktes, bei dem der Erwachsene dann vielleicht das Gefühl hat, dass er dem Jugendlichen einmal richtig die Wahrheit gesagt habe. Manchmal findet auch ein heftiges

Gespräch statt, aber danach stellt sich heraus, dass nicht viel von dem Gesagten oder Vereinbarten hängengeblieben ist. Der Jugendliche hat die Kommunikation nicht als Gespräch und die Aufträge nicht als Vereinbarung empfunden.

Es geht heftig zur Sache
Josy (vierzehn Jahre) hat die Mutter um Erlaubnis gebeten, am Samstagabend mit einigen anderen Mädchen ein Fest zu besuchen. Da Josy aber in der letzen Woche die Schule dreimal geschwänzt hat, ist die Mutter damit nicht einverstanden. Josy ist darüber verärgert, denn sie war schon einmal wegen des Schuleschwänzens bestraft worden und will kein zweites Mal bestraft werden. Die Mutter erklärt noch einmal, dass Josy als Strafe für das Schuleschwänzen eine Woche nicht ausgehen darf und dass sie nicht immer wieder eine neue Diskussion darüber zu führen wünscht. Josy ist damit nicht einverstanden und sagt, dass sie am Samstag einfach zu dem Fest geht. Die Mutter wird böse und sagt mit erhobener Stimme, Josy soll endlich Ruhe geben, und sie erklärt noch einmal, wie die Strafe und das Schuleschwänzen zusammenhängen. Josy zuckt mit den Schultern und droht damit wegzulaufen, wenn sie nicht zu dem Fest gehen darf. Sie schnappt sich ihre Jacke und macht Anstalten zu gehen. Die Mutter will eine Erklärung für Josys Verhalten. Diese kramt in ihrer Tasche und gibt keine Antwort. Die Mutter fordert eine Reaktion. Josy sagt nichts und macht Anstalten, sich zu entfernen. Die Mutter ist inzwischen mit den Nerven am Ende, weint und schreit Josy, die die Türe gerade hinter sich zugezogen hat, hinterher, sie sei ein ganz mieses Kind und brauche nicht mehr wiederzukommen.

Die verbalen Eskalationen – Erwachsene sind nachträglich oft betroffen über ihre Heftigkeit – kommen durch den Pseudokontakt erst so richtig in Schwung. Die Erwachsenen haben das Gefühl, zum Jugendlichen nicht durchdringen zu können, denn dieser hat alle Türen und Fenster hermetisch verriegelt.

Die Unmöglichkeit, über die Innenwelt zu sprechen, die Angst, wieder zum Kind zu werden, die Empfindlichkeit gegenüber Scham und der Pseudokontakt sind die vier wichtigsten Ursachen für die starrköpfige Kommunikation mit Jugendlichen.

Es gibt viele Erwachsene, die aufgrund der geschilderten Erfahrung finden, man könne mit Jugendlichen nicht sprechen – und es dann auch nicht tun. Das ist eine verpasste Chance, weil es auch Faktoren gibt, die im Kontakt mit dem Jugendlichen helfen können. Insbesondere finden die Jugendlichen es sehr angenehm, wenn sie von den Erwachsenen ernst genommen werden. Sie haben gern eine Meinung und wagen sich damit auch öfter in die Konfrontation. Es besteht auch eine große Neugierde auf die Welt der Erwachsenen: nicht nur die Erwachsenen-Sachen, wie Sexualität, Geld und Politik, sondern auch ein großes Interesse, wie Erwachsene denken und fühlen. Wissen zu wollen, wie die Dinge funktionieren, ist ein starkes Motiv in der Entwicklung der Jugendlichen. Sie wollen sich das Erwachsen-Sein aneignen – manchmal zu früh und unüberlegt, wie viele Eltern finden – und scheinen das nicht mit allzu großem Respekt vor den Ikonen der Erwachsenenwelt zu tun. Wo Kinder in der Latenz die Abhängigkeit von den Eltern gut ertragen und auch deren Zustimmung als notwendig empfinden, um ohne Schuldgefühle etwas zu unternehmen, wird der Jugendliche viel mehr gegen die Abhängigkeit protestieren. Erwachsenenprivilegien und -verhaltensweisen werden nicht mehr erbeten, sondern vielmehr eingefordert, erzwungen oder einfach angeeignet.

Schwierigkeiten mit der Abhängigkeit

Es geht auf die Sommerferien zu und Peter gibt zu erkennen, wie er darauf wartet, endlich von der Schule und vor allem von mir erlöst zu sein. Er zähle die Tage. Jede Sitzung der letzten drei Wochen eröffnete er mit der Bemerkung: »Nach der Sitzung heute noch so viele Male.« Manchmal bringt er seinen Terminkalender mit, um zu kontrollieren, ob er richtig gezählt hat. Ich hatte schon ein paar Mal gesagt, dass ich vor allem nicht zu denken wage, ich sei wichtig für ihn oder er würde mich vermissen. Er reagierte auf diese Interventionen meistens mit einem treudoofen Negieren, um dann weiter über seine Computerspiele zu sprechen oder gähnend auf seine Uhr zu schauen. In späteren Sitzungen, als das Sticheln zunimmt, ergänze ich, dass er versucht, mich wütend zu machen, damit ich auch spüren kann, wie es ist, im Stich gelassen zu werden. Ich merke, dass diese Interventionen bei ihm nicht ankommen und suche eifrig, einen anderen Zugang zu Peter zu bekommen. Er kommt öfter zu spät, und von seinen Eltern erfahre ich, dass er sich immer mehr absondert und in seiner Freizeit kaum aus seinem Zimmer kommt, als bestünde seine Welt nur noch aus einem Computer. Ab und zu erscheint er nicht zu den Sitzungen. Nicht nur, dass er mich damit ohnmächtig macht – ohnmächtig machen ist ein wichtiges Thema in seiner Behandlung –, ich mache mir auch große Sorgen um ihn und denke öfters an ihn. Ich eröffne eine der folgenden Sitzungen: »Weißt du, Peter, ich habe mir mit den Ferien etwas überlegt. Wenn Menschen einander lange nicht sehen, fürchten sie doch oft, der andere würde sie vergessen, oder sie selbst wüssten nicht mehr richtig, wie der andere ist. Ich dachte eben, du hättest vielleicht Angst, dass ich in den Ferien nicht mehr an dich denken würde und dass auch du nicht mehr an mich denken könntest.« Peter zieht die Schultern hoch. »Spielen wir Schach!«, ist sein unerwartet milder Kommentar. Am Ende der Stunde schaut er ernst nach draußen. »Wissen Sie«, sagt er, »ich frage mich manchmal, ob man auch noch denkt, wenn man tot ist.« Ich sage nichts und schaue ihn fragend an. »Ich hoffe, dass es so ist«, sagt er, »aber so etwas weiß man nie sicher, nicht wahr?« Es ist kurz still. »Ja«, sagt er erleichtert, »dann ist die Menschheit nicht so allein.« Ich nicke bestätigend: »Du bist ein richtiger Denker.« Jeroen grinst: »Ist die Stunde vorbei?«

In den letzten zehn Jahren bekamen die Jugendlichen auch viel mehr Möglichkeiten, die Erwachsenenwelt zu entdecken. Über das Internet haben sie ziemlich uneingeschränkt Zugang zu allen Bereichen des Erwachsenenlebens erhalten.

Jugendliche finden es spannend zu klauen, und (fast) alle tun es. Anna Freud fragte ihre Adoleszenten nie, ob sie schon einmal gestohlen hätten, sondern wann es das letzte Mal war. Sie stehlen aus der Welt der Erwachsenen. Es ist eine Art eifersüchtigen Verhaltens. Jugendliche haben viele Gründe, eifersüchtig auf die Erwachsenenwelt zu sein, so wie sie sich eine Vorstellung von ihr machen: lauter Privilegien, Sexualität, Geld, Macht und vor allem die Illusion der Gemütsruhe. Der Jugendliche findet es schwierig, etwas zu bekommen, er will nicht mehr abhängig sein und vermeidet darum die Gegenseitigkeit von geben und nehmen, denn das belastet sein Gefühl von Selbständigkeit. Zugleich finden viele Jugendliche, dass sie schon ganz selbstverständlich Anspruch auf die Erwachsenenwelt haben dürfen. Darum nehmen sie es lieber selbst in die Hand, sich auf beinahe magische Weise die Erwachsenenwelt anzueignen. Auch im Gespräch mit dem Jugendlichen ist das unmittelbar zu erkennen. Er wünscht sich lieber keine guten Ratschläge. Er kommt zum Erwachsenen mit der selbstverständlichen Erwartung und dem Wunsch, verstanden zu werden.

Im Gespräch mit Jugendlichen ist es wichtig, zwei Dinge zu beachten: Beschämung vermeiden und nicht eindringend (mit Fragen und Interpretationen) sein.

Ein misslungenes Gespräch

Jan ist in letzter Zeit in der Klasse zurückgezogener und stiller. Sein Freund Patrick sagt das dem Klassenlehrer. Dem ist es auch aufgefallen und er bittet den Kinderarzt, mit Jan zu sprechen. Der Kinderarzt lädt Jan zum Gespräch ein.

A: Guten Tag, wie geht es dir?

J: Gut...

A: Ich erfahre von Patrick und deinem Klassenlehrer, dass du in letzter Zeit ziemlich still bist. Stimmt das?

J (etwas theatralisch): Hmhmhm.

A: Erzähle mal weiter, ich mache mir Sorgen um dich. Sag mal, wie es dir geht.

J (schaut aus dem Fenster und starrt dann den Arzt an)

A: Wie geht es zu Hause?

J: Gut, glaube ich.

A: Du weißt es nicht sicher?

J: Doch, gut (gähnt)...

A: Wenn du irgendein Problem hast, ist es besser, darüber zu reden, denn dann kann ich dir irgendwie helfen.

J: Ja (schaut hilflos). Es gibt keine echten Probleme!

A: Was meinst du? Womit hast du Probleme?

J: Nun, mit nichts...

Jan und der Arzt schauen sich verständnislos schweigend an.

Ein klassisch misslungenes Gespräch mit einem Jugendlichen, das schon nach wenigen Minuten festgefahren ist. Der Kinderarzt hat zwar gute Absichten, aber sie führen nicht zu einem Gespräch. Jan würde es helfen (und weniger bedrohen), wenn der Arzt mehr darüber sprechen würde, was Patrick und der Mentor erzählt haben (wann, wo und wer). Es hilft Jan auch, wenn der Arzt etwas über den Zweck des Gesprächs sagt. Eine richtige Bemerkung war, dass er sagte, er mache sich Sorgen. Aber nach dem Erleben des Jugendlichen weiter zu fragen, führt dann zu überhaupt nichts. Vielleicht hätte er nach Patrick fragen können, zum Beispiel, ob sie Freunde sind. Die Frage nach dem Zuhause ist an sich angemessen, aber in diesem Moment des Gesprächs nicht mehr passend. In Wirklichkeit ist der Kontakt zwischen dem Kinderarzt und Jan abgebrochen (Pseudokontakt) und wird erst wieder hergestellt werden müssen, bevor man weitersprechen kann. Der Kinderarzt hätte besser erst gesagt, dass das Gespräch nicht einfach ist und er viele Kinder kennt, die dem Gespräch mit Angst entgegensehen und fürchten, dass etwas mit ihnen nicht stimmt. Aber vielleicht ist – am Rande gesagt – die wichtigste Anmerkung, warum der Klassenlehrer nicht selbst dieses Gespräch begonnen hat.

In der Behandlung Jugendlicher begegnen dem Therapeuten und anderen Beratern dieselben Schwierigkeiten, und das oft in verstärktem Maß. Die Jugendlichen kommen gewöhnlich nicht in Behandlung, um zu lernen, sich besser zu verstehen, sondern eher mit dem Bedürfnis, sich vom Therapeuten verstanden zu fühlen. Jugendliche sind nicht in Therapie, sondern haben einen Therapeuten. Mit anderen Worten, viele Jugendliche wollen also vom Therapeuten überhaupt nichts über ihre Innenwelt und die inneren Konflikte hören, sondern interessieren sich mehr dafür, was und wie der Therapeut über sie denkt. Interventionen über die Innenwelt des Jugendlichen können also die therapeutische Beziehung stark unter Druck setzen und nicht selten zu unerwünschten Handlungen und sogar zum Behandlungsabbruch führen. Jugendliche erwarten von ihrem Therapeuten absolutes Verständnis. Eine offene Haltung des Helfers, in der für den Jugendlichen deutlich wird, wie der Therapeut über ihn und seine Probleme denkt, ist wichtig. Der Jugendliche bekommt folglich eine Vorstellung davon, wie der Therapeut ihn versteht, und er wird Zeuge davon, was sich in dessen Gedankenwelt abspielt.

Für einen Jugendlichen, der noch nicht überzeugt ist, dass Einsicht helfen kann, für den ist die Erfahrung, sich von jemandem verstanden zu fühlen, ein wichtiger Schritt in den therapeutischen Prozess. Er kann aus der Art und Weise lernen, wie Erwachsene über emotionale Dinge wie Angst und Depression, aber auch über Familie, Schule und Beziehungen denken. Es kommt darauf an, diese Haltung und Vorbildfunktion durch die Art rüberzubringen, wie man mit den Jugendlichen spricht. Das gilt nicht nur für das Behandlungssetting, sondern trifft auf jeden Kontakt mit dem Jugendlichen zu.

Interventionen und/oder Bemerkungen sehen dann so aus: »Ich dachte gestern darüber nach, was du das letzte Mal erzählt hast und...« »Wenn ich mit vorstelle, was du damals mitgemacht hast, dann...« »Zu dem, was du mir erzählt hast, muss ich an... denken.«

Auch Reaktionen, die man in der Psychotherapie als »verschobene Deutung« bezeichnet, können im Gespräch mit Jugendlichen von großem Nutzen sein. Der Therapeut verweist auf eine Situation außerhalb der therapeutischen Beziehung und benutzt sie als Metapher: »Gestern sprach ich mit einem Jungen, der dasselbe erlebt hat wie du. Er sagte, er sei sehr böse geworden...« Oder: »Vor einiger Zeit habe ich eine Geschichte gelesen. Sie handelte von einem Mädchen, das...«

Bei den auf den Therapeuten bezogenen Interventionen – wie bei der verschobenen Deutung – vermeidet der Therapeut Fragen, Bemerkungen und Deutungen über die Innenwelt des Jugendlichen. Dieser braucht sich dadurch weniger bedroht zu fühlen. Ein anderer wichtiger Effekt der auf den Therapeuten bezogenen Intervention ist, dass sie den Narzissmus des Jugendlichen schont und damit das Schamgefühl vermindert.

Darüber hinaus verstärken diese Interventionen den Zusammenhang zwischen dem, was der Jugendliche erzählt und tut, und der Gedankenwelt des Therapeuten. In dem Kapitel über die kognitive Entwicklung wurde schon darauf hingewiesen, dass der Jugendliche sehr neugierig auf die Erwachsenenwelt ist. Indem man ihm die Erwachsenenwelt auf diese Weise nahe bringt, wird ihm das Gefühl gegönnt, dass er selbst wählen kann, was er daraus mitnehmen wird und finden oder stehlen will.

Selber machen

Peter ist schon eine Weile bei mir in Behandlung, weil er sich immer mehr aus dem Kontakt mit Gleichaltrigen zurückzog. Im Internet besucht er Seiten – wenigstens soweit er es mir erzählt – über Popstars und Musik. Eines Tages kommt Peter mit einem geheimnisvollen Lächeln in mein Zimmer. Er nimmt Platz und schaut still vor sich hin. »Du machst mich neugierig«, sage ich nach einiger Zeit. Er erzählt, er habe im Internet gelesen, dass es einem Jungen gelungen ist, in die Computer des amerikanischen Verteidigungsministeriums einzubrechen. Peter fantasiert, dass der Hacker schon etwas gefunden haben wird. »Was zum Beispiel?«, frage ich so unauffällig wie möglich. Er hebt die Schultern. Es werden wohl keine Handgranaten sein, aber vielleicht geheime Instruktionen, wie man die Computer bedienen kann. »Das würdest du wohl gut finden?«, frage ich überflüssigerweise. »Ja«, ist die Antwort. Peter schweigt. Zu einem späteren Zeitpunkt nehme ich einen neuen Anlauf: »Was würdest du mit dem Computer machen?« Er sagt grinsend: »Ein paar Raketen abschießen.« »Nun«, sage ich, »du beginnst, ein richtiger Mann zu werden.« Peter lacht: »Ich denke, ich würde alle geheimen Daten auf meinen Computer herunterladen und zum Verkauf anbieten und mit dem Geld würde ich... (denkt nach) würde ich... ich weiß nicht... jedenfalls etwas Schönes mit jemandem machen.« Ich bestätige ihn mit erhobenem Daumen. Die Stunde ist zu Ende.

Einige Empfehlungen

Im Gespräch mit dem Jugendlichen werden Berater, Lehrer und andere professionelle Kräfte oft mit denselben Schwierigkeiten konfrontiert. Vor allem in den Beratungsstellen oder in der Therapie wird den Beratern zu Beginn des Gesprächs die Frage nach der Vertraulichkeit der Situation gestellt. Das ist logisch, denn den Jugendlichen ist das Recht auf ihre Intimsphäre sehr wichtig. Kinder sind es gewohnt und sie haben auch nicht so viele Schwierigkeiten damit, dass die Eltern zum Beispiel in der Schule mit den Lehrkräften über sie sprechen. In der Pubertät ändert sich das stark, und die Jugendlichen wollen erst die Sicherheit, dass ihr Berater einhundert Prozent Vertraulichkeit garantiert, bevor weiter gesprochen werden kann. Erwachsene, die das Vertrauen der Jugendlichen gewinnen wollen, sind schnell geneigt, die »Vertraulichkeitsfrage« zu bestätigen, und sagen zum Beispiel: »Du kannst damit rechnen, dass alles, was du mir in diesem Gespräch erzählst, unter uns bleibt.« Manche Jugendliche glauben das nicht gleich und verlangen manchmal eine Extrabestätigung der Vertraulichkeit. »Ja«, sagt der Klassenlehrer, »du kannst wirklich damit rechnen.« Wenn das Mädchen dann erzählt, dass es schon ein paar Monate die Schlaftabletten der Mutter sammelt und beabsichtigt, sie an diesem Wochenende zu nehmen, befindet sich der Klassenlehrer in einer sehr schwierigen Situation. Wenn er das Versprechen hält, nimmt er ein unverantwortliches Risiko für einen Suizid auf sich. Tritt er aber in Aktion und nimmt zum Beispiel Kontakt mit dem Hausarzt oder einer anderen Institution auf, bricht er das Versprechen auf Vertraulichkeit und kann jeden weiteren Kontakt vergessen.

Die Frage des Jugendlichen nach der absoluten Vertraulichkeit kann oft besser als Signal dafür verstanden werden, dass er Angst vor dem Gespräch hat. Er fürchtet, nicht ernst genommen oder lächerlich gemacht zu werden. Die Jugendlichen fragen sich: Ist mein Problem schlimm genug, versteht der andere es, denn ich bin bestimmt der Einzige, der das hat?

Manchmal handelt es sich auch um eine bedrohliche Situation, bei der die Eltern über den Inhalt des Gesprächs informiert werden sollten, zum Beispiel wenn es um kriminelles oder grenzüberschreitendes Verhalten geht. Die Erfahrung lehrt, die Frage nach der Vertraulichkeit sehr ernst zu nehmen. Statt einer bedingungslosen Zusage kann man mit dem Jugendlichen auch besprechen, dass das Gespräch natürlich vertraulich ist, dass aber, sollte sich herausstellen, dass der Erwachsene es für notwendig hält, auch mit einem anderen darüber zu sprechen und er darüber informiert wird, so dass es niemals hinter seinem Rücken geschehen wird. Für fast alle Jugendlichen ist diese bedingte Zusage der Vertraulichkeit ausreichend.

Die Frage, ob Eltern über das Gespräch mit dem Jugendlichen informiert werden sollen oder nicht, ist nicht immer gleichermaßen leicht, vor allem, wenn der Jugendliche Beweise dafür liefert, dass es ihm nicht gut geht, oder der Erwachsene findet, dass eine beunruhigende Situation vorliegt.

Soll man die Eltern benachrichtigen?

Rosanna (fünfzehn Jahre) hat wegen ihrer Akne einen Termin bei der Hausärztin. An der Tür zögert sie etwas und sagt noch dies und das, aber als die Ärztin fragt, was los sei, beginnt sie leise zu weinen und erzählt, dass sie ihr Zuhause überhaupt nicht mehr schön findet. Vater und Mutter sind häufig weg und haben auch oft Streit miteinander. Sie fühlt sich oft allein, vor allem abends. Sie kommt auch immer weniger mit ihrem zwei Jahre älteren Bruder aus. Hier stockt das Gespräch, aber die Hausärztin hat das Gefühl, dass die Geschichte noch nicht zu Ende ist. Sie fragt weiter nach der Beziehung zum Bruder. Rosanna erzählt, dass er sie quält und sie schlägt und in ihrem Zimmer einsperrt, wenn sie nicht tut, was er sagt. Die Hausärztin spürt in sich eine starke Unruhe und fragt weiter, was der Bruder denn will. »Dass ich ganz eng bei ihm sitze«, erwidert Rosanna nach einigem Zögern. Die Hausärztin fragt, ob er ihr dann auch zu nahe kommt, und nach der Bestätigung kommt heraus, dass es ein paar Mal sehr gegen Rosannas Willen zum Koitus gekommen ist.

Die Hausärztin sagt, sie finde es mutig und vernünftig, dass Rosanna ihr das mitgeteilt hat. Außerdem sagt sie, dass die Situation zu Hause nicht so bleiben kann. Ob Rosanna eine Vorstellung hat, was jetzt geschehen soll? Rosanna will nicht, dass ihre Eltern etwas davon erfahren, sieht aber auch ein, dass sie diese Situation allein nicht verändern kann. Die Ärztin fragt, ob Rosanna es richtig findet, wenn sie mit einer Kollegin überlegt, was nun am besten geschehen kann, und bietet ihr an, am nächsten Tag zu kommen und darüber zu sprechen. Rosanna hält das für eine gute Idee und fügt hinzu, sie würde bei einer Freundin übernachten.

Die starken Punkte sind unter anderem, dass die Ärztin direkt nach den konkreten Verhältnissen fragt und auf ihr eigenes beunruhigendes Gefühl vertraut, Rosanna keine Gefühle in den Mund legt, ihr eine eigene Verantwortung gibt und den Kontakt bis zum nächsten Tag hält, die Erörterung mit der Kollegin sucht und in erster Linie Rosannas Wünsche respektiert, aber zusieht, dass Rosannas Sicherheit Priorität hat.

Bis zum vollendeten siebzehnten Lebensjahr sind die Eltern für den Jugendlichen verantwortlich und müssen über Beobachtungen der Schule informiert werden. Andererseits hat der Jugendliche auch das Recht auf seine Intimsphäre, und Vertraulichkeit ist im Prinzip notwendig, um ein Gespräch überhaupt möglich zu machen. Diese widerstreitenden Interessen sind nicht immer leicht abzuwägen.

In der Vignette über Rosanna gibt es eine Menge Dilemmata. Natürlich kann die Situation so nicht bleiben, aber den Kontakt mit den Eltern aufzunehmen, kann sehr unerwünschte Konsequenzen nach sich ziehen, weil nicht klar ist, wie sie mit dieser Tatsache umgehen werden. Die Hausärztin handelt vernünftig, einen Aufschub für die Erörterung zu erwirken und den Kontakt mit der Jugendlichen aufrechtzuerhalten. Ein Hausarzt kennt die Familie oft schon länger und kann einschätzen, was am Besten geschehen soll.

Wenn der Jugendliche einen Lehrer in der Schule ins Vertrauen zieht, wird der sich bei Kollegen informieren, ob sie etwas über die Familiensituation wissen. Wenn in der Schule ein gutes Beraterteam vorhanden ist, wird er mit diesem in Verbindung treten und sich beim Kontakt mit Rosanna begleiten lassen. Diese Familie wird professionelle Hilfe brauchen. Hierfür ist der Kontakt mit den Eltern wichtig, auch um den Realitätsgehalt von Rosannas Geschichte zu überprüfen. Sehen sie die Situation auch so ernst und sind sie zur Mitarbeit bereit, kann die Hilfe schnell beginnen. Wenn sich die Situation verschlechtert, die Eltern nicht mitarbeiten wollen oder wenn eine akute Notsituation entsteht, wird es über die Hausärztin zu einem früheren Eingreifen kommen müssen, um Rosannas Sicherheit garantieren zu können. Für die Berater besteht in den Niederlanden eine gesetzliche Meldepflicht, wenn sie von körperlichem oder sexuellem Missbrauch eines Jugendlichen erfahren haben. Die Regierung hat dafür klare und ziemlich strenge Richtlinien entworfen.

Glücklicherweise braucht es oft nicht zu einem solch drastischen Eingreifen zu kommen. Doch es ist wichtig zu bedenken, dass die Information der Eltern darüber, was der Jugendliche erzählt hat, für ihn schwerwiegende Folgen haben kann. Viele Eltern mögen es überhaupt nicht, wenn ihre Kinder den Missbrauch an die große Glocke hängen, und sie drohen dem Kind mit Strafe oder Sanktionen.

Bei der Überlegung, ob man Eltern Bescheid sagen soll oder nicht, spielen also mehrere Punkte eine Rolle: Die Eltern von Jugendlichen (bis zum achtzehnten Geburtstag) haben ein gesetzlich verbürgtes Recht auf Information über wichtige Dinge, aber der Jugendliche hat auch das Recht auf Vertraulichkeit. In dieser Abwägung spielt die Sicherheit des Jugendlichen und anderer Personen eine Rolle, ebenso wie die möglichen Konsequenzen für ihn, wenn die Eltern informiert werden. Für dieses Dilemma gibt es keine Standardlösungen. Wichtig ist, dass der Erwachsene diese Abwägung nicht allein vornimmt, sondern sich mit Kollegen, dem Beraterteam und einem Vertrauensarzt oder Psychotherapeuten bespricht.

Auch für die professionellen Berater ist die Abwägung in Sachen Vertraulichkeit nicht immer einfach, insbesondere wenn es sich um Kriminalität, Sexualität und Drogen handelt. Das Recht auf die Intimsphäre des Jugendlichen steht dem Recht der Eltern auf Information gegenüber.

Noch einmal: Soll man die Eltern benachrichtigen?

Monique (fünfzehn Jahre) wird von ihren Eltern in der psychotherapeutischen Praxis angemeldet. Sie erscheinen gemeinsam zum Erstgespräch. Die Mutter ergreift das Wort und spricht über die Konflikte mit ihrer Tochter über so ziemlich alles: Hausaufgaben, Ausgehen, Freunde, Taschengeld, Essen und Kleidung. Monique sitzt still dabei, gibt keinen Kommentar zu der langen Klageliste ihrer Mutter ab. Der Vater bestätigt die Klagen der Mutter und ergänzt die Liste noch: Frechheit, unverantwortlicher Umgang mit Geld, sich nicht an Abmachungen halten und Lügen. Im ersten Gespräch mit Monique allein erzählt diese dem Therapeuten, dass sie in der Schule Konzentrationsprobleme hat und fast nicht schlafen kann. Sie hat schon vier Monate lang einen marokkanischen Freund, wovon die Eltern nichts wissen. Sie haben keinen Sex, aber sie küssen sich. Sie sind sehr verliebt. Sie kiffen auch, doch das gibt ihr ein Gefühl der Ruhe. Die Eltern wissen davon natürlich überhaupt nichts. Sie kommt auch nicht zu seinen Eltern in die Wohnung. Sie fürchten beide, dass, wenn ihre Eltern allein schon etwas von der Beziehung wissen, geschweige denn vom Kiffen, sie die Beziehung unmittelbar verbieten und das elterliche Regime sehr streng wird, weshalb sie sich dann nicht mehr sehen können. Aufgrund seines Eindrucks vom Erstgespräch denkt der Therapeut, dass Monique das richtig einschätzt, und er sieht wenig Grund, die Eltern zu informieren.

Vielleicht noch wichtiger als die Frage, ob man die Eltern benachrichtigen soll, ist – was ja aus dem Beispiel deutlich hervorgeht –, wie peinlich ein Erstgespräch für einen Jugendlichen und die Familie sein kann. Peinlich für die Eltern, weil sie oft mit dem Gefühl des Versagens und Misslingens zur Beratung kommen. Peinlich auch für den Jugendlichen, weil er die lange Liste übergestülpt bekommt und wenig bis nichts dagegensetzen kann. Auch ein schwacher Protest wird vom Tisch gefegt. Im Verlauf des Gesprächs und erst nach Aufforderung durch den Therapeuten (»Was würdest du zu Hause gern anders sehen?«) kommt auch der Jugendliche mit einer Liste von Dingen, wo seines Erachtens die Eltern ihren Verpflichtungen nicht nachkommen. Die Jugendlichen nennen dann oft: zu große Strenge, keine Vernunft annehmen, Weigerung, Freunde zu akzeptieren, nicht verantwortlich sein lassen, bevormunden, in den Sachen schnüffeln und kontrollieren. Auch der Kontakt mit den Eltern der Freunde ist dem Jugendlichen oft ein Dorn im Auge. Das Erstgespräch ist für alle Beteiligten oft eine Konfrontation, und nicht selten sind die Konflikte im Sprechzimmer unmittelbar zu sehen und zu spüren. Der Berater kann auch die Art und Weise, wie Konflikte gelöst oder beigelegt werden und wer darin die Schlüsselrolle einnimmt, direkt einschätzen. Von entscheidender Bedeutung bleibt in der Situation, dass der Helfer imstande ist, sich *in alle Beteiligten einzufühlen* und sich nicht zur Parteinahme für oder gegen ein Familienmitglied verführen zu lassen.

Nicht nur der Jugendliche

Im Beisein von Monique versucht der Therapeut, ihre Eltern etwas mehr Gefühl für das Leben einer Jugendlichen entwickeln zu lassen. Die Mutter hatte nie ihre Pubertät »gelebt«. Ihr Vater starb, als sie elf Jahre alt war. Moniques Vater hätte gern seine Pubertät ausgelebt, hatte aber zu viel Angst vor seinem Vater. Der Therapeut bemerkt, dass die Eltern neben der Besorgtheit und Angst, weshalb sie zu gebieterisch und kontrollierend sind, ein anderes Gefühl weniger zu Wort kommen lassen: Der Vater bewundert seine Tochter wegen ihrer Widerspenstigkeit, kann aber nicht adäquat darauf reagieren, und die Mutter fürchtet, dass die Tochter alle ihre eigenen unerfüllten pubertären Wünsche umsetzen wird.

Monique sieht schnell, dass die geheime Beziehung mit ihrem Freund besonders spannend ist, gerade wegen des Geheimnisvollen. Auch das Kiffen ist enorm aufregend, wenn man es im Geheimen tut. Der Therapeut fragt ausdrücklich über den Konsum von Drogen nach: Was, wie oft, mit wem und wie ist sie dazu gekommen? Er verurteilt nicht, dass sie Drogen nimmt, bleibt aber aktiv mit ihr darüber im Gespräch.

Mutter und Tochter haben in einem gemeinsamen Gespräch mit dem Therapeuten über einige praktische Dinge verhandelt, wie die Einteilung des Taschen- und Kleidergeldes. Die Mutter ist sichtlich erleichtert, dass Monique den Beweis für einen verantwortungsvollen Umgang mit Geld liefert. Der Ton der Gespräche verändert sich von Vorwürfen hin zu Verhandlungen über Interessen. Monique erzählt von ihrem Freund, der zuerst zögernd empfangen wird, aber sich selbst auch dann bemüht, als Moniques Freund akzeptiert zu werden. Monique beendet die Beziehung nach ein paar Monaten, als sie erfährt, dass er eine ihrer Freundinnen geküsst hat.

Dem Vater ist im Laufe dieses Prozesses, der sich über ein halbes Jahr erstreckt, bewusst geworden, dass es zwischen ihm und seinen Eltern noch viele unerledigte Dinge gibt, und beginnt deshalb eine eigene Therapie.

Der Weg zur psychotherapeutischen Behandlung

In dem Kapitel *Probleme von und mit Jugendlichen* kam ausführlich zur Sprache, wann der Schritt zu einer Therapie bei einem Kinder- und Jugendlichen-Psychotherapeuten oder eine Überweisung zu einer professionellen Einrichtung zur Diskussion steht. Dies ist ein großer Schritt, der vom Jugendlichen und auch von seinen Eltern als sehr bedrohlich erlebt wird.

Für Eltern ist es ein sehr einschneidendes Ereignis, wenn ihr Kind psychotherapeutische Hilfe braucht. Es ist für sie sehr peinlich, erleben zu müssen, dass ihr Kind schon so früh im Prozess zur Selbständigkeit strauchelt, vor allem aber, dass sie selbst nicht mehr die wichtigste Hilfsquelle für ihr Kind sind. Viele Eltern werden diesen Schritt als einen Beweis empfinden, dass sie als Eltern versagt haben und ihrer Erziehungsverpflichtung nicht nachgekommen sind. Sie haben große Angst, es würde sich herausstellen, dass sie schwere Erziehungsfehler gemacht haben. Das bringt nicht nur ein Schuldgefühl mit sich, sondern auch Scham und Angst, dass man ihnen schwere Vorwürfe machen wird, wenn sie sich bei einer Beratungsstelle oder in einer privaten Praxis anmelden. Bei großen Problemen fürchten die Eltern oft, dass ihnen das Sorgerecht entzogen wird. Angst, Scham und Schuld bilden oft die größten Hindernisse und Widerstände der Eltern, professionelle Hilfe in Anspruch zu nehmen. Sie werden dabei oft von der Familie und von Freunden unterstützt, die den Ernst der Probleme nicht recht einschätzen können, sie schönreden oder vermeiden, Stellung zu nehmen. Es erweist sich oft als äußerst schwierig, über die Kinder anderer eine berechtigte Sorge auszusprechen, weil das oft als eine unerbetene Einmischung oder als Vorwurf empfunden wird.

Auch in der Beratungsstelle können die Eltern regelmäßig neben der Sorge um ihr Kind auch Kritik und »parent blaming« empfinden. Eltern sind da sehr empfindlich, und es ist sicher vernünftig, wenn der Berater oder Therapeut diese Angst schon früh im Kontakt offen anspricht. Wenn die Gefühle des Versagens und der Scham besprochen sind und deutlich gemacht werden konnte, dass es nicht die Schuld der Eltern ist, wenn ihr Kind sich unglücklich fühlt, kann ihre Mitarbeit in der Behandlung leichter gewonnen werden. Die Unterstützung der Eltern ist für die erfolgreiche Behandlung des Jugendlichen unentbehrlich.

Auch für den Jugendlichen ist der Gang zu einem Jugendlichenpsychotherapeuten oder zu einer professionellen Einrichtung einschneidend. Ein Teil der Gefühlswelt begreift, dass etwas passieren muss oder dass Hilfe wirklich notwendig ist, aber auf der anderen Seite stehen sehr viele Bedenken, Angst und Scham. Von einem Jugendlichen kann man keine starke Behandlungsmotivation erwarten. Zum Teil liegt das daran, dass der Wunsch nach Hilfe diametral zum Prozess der Adoleszenz steht, der sich in Richtung größerer Selbständigkeit bewegt. Sich Hilfe zu wünschen und diese zu suchen, droht – und das erschreckt den Jugendlichen –, ihn wieder zum Kind zu machen.

Im Kapitel über die kognitive Entwicklung erwähnte ich bereits, dass die Angst, verrückt zu werden, dem Jugendlichen nicht fremd ist. Bei einer Überweisung an eine Einrichtung oder in eine Praxis wird diese Angst unmittelbar wachgerufen. Viele Jugendliche denken, der Therapeut habe einen roten Knopf unter seinem Schreibtisch, mit dem er, wenn nötig, direkt die Pfleger der psychiatrischen Klinik herbeirufen kann, um den Patienten in die geschlossene Abteilung zu bringen. Jugendliche glauben, dass, wenn sie wirklich zeigen, was in ihnen vorgeht, andere das total verrückt und gestört finden. Auch die Vorstellung, jemanden zu brauchen, um dem Leben gewachsen zu sein, ist eine schmerzliche Erfahrung für den Jugendlichen, der gleichzeitig sieht, wie seine Altersgenossen mit großen Schritten auf dem Weg zum Erwachsensein sind.

Nicht selten ist der Jugendliche auch davon überzeugt, dass die falsche Person zum Berater bzw. Psychotherapeuten überwiesen worden ist.

Wer?

Niklas (vierzehn Jahre) wird in der Schule ganz schön gemobbt. Die Klasse befasst sich sehr damit, und es wird viel darüber gesprochen. Die Schulen verfügen über einen effektiven Mobbing-Erlass. Ein aufmerksamer Lehrer merkt jedoch, dass Niklas auf subtile Weise seine Klassenkameraden so reizte und provozierte, dass das Mobben fast nicht ausbleiben konnte. Die Eltern erkennen diese Beobachtungen aus dem Fußballverein und anderen Gelegenheiten wieder. Sie finden es eine gute Idee, wenn Niklas einmal mit einem Psychotherapeuten darüber sprechen würde. Niklas' Reaktion ist jedoch sehr abweisend: Alle Kinder in der Klasse haben mich gemobbt, das ist gemein und darf nicht sein. Muss ich zur Strafe auch noch zum Psychotherapeuten? Die müssen zur Beratung, nicht ich. Es ist ihr Problem.

Jugendlichen finden oft auch, dass die Erwachsenen Hilfe viel nötiger hätten. Unter dem Motto: »Ich habe keine Probleme, aber die haben ein Problem mit mir«, braucht der Jugendliche die peinliche Seite der Überweisung nicht zu spüren. Übrigens steckt oft viel Realität in dieser Aussage. Der Jugendliche ist oft der Lästigste zu Hause, ist deshalb aber nicht notwendigerweise der Gestörteste. Nicht selten ist das Gegenteil der Fall.

Auch im Gespräch mit dem Jugendlichen tut der Berater gut daran, das Problem der Verlegenheit, Angst und Blamage zu besprechen. Der Überweiser wird hoffentlich ein solches Gespräch mit dem Jugendlichen und den Eltern schon geführt haben. Sowohl im Gespräch mit den Eltern als auch mit dem Jugendlichen setzt das offene Besprechen von Scham und Schuldgefühlen die Hemmschwelle für die Akzeptanz der Hilfe herab. Wenn Eltern das Gefühl festhalten können, dass sie Eltern des Kindes bleiben und als kompetente Eltern betrachtet werden, auch wenn sie Fehler in der Erziehung gemacht haben, und wenn Jugendliche das Gefühl festhalten können, dass sie ernst genommen werden und der Berater darauf vertraut, dass sie ihre Schwierigkeiten lösen können, wird die erforderliche Hilfe besser akzeptiert. Auch eine gute Aufklärung darüber, was die Hilfe beinhaltet, ist natürlich von Belang. Sachliche Information vermindert Scham.

Eine Überweisung zur Beratungsstelle oder eine Therapieempfehlung ist bei einem Jugendlichen nicht mit einer Telefonnummer oder dem Namen der Einrichtung getan. Das beweist die hohe Ausfallquote. Der wichtigste Grund dafür ist in der Angst des Jugendlichen vor der professionellen Hilfe zu suchen. Der Lehrer in der Schule und der Musiklehrer sind glaubwürdig.

Dort war die Hemmschwelle zu sprechen bereits sehr hoch, bei einem Therapeuten scheint sie unüberwindbar.

Ein zweiter Punkt für die hohe Ausfallquote kann in dem Umstand gefunden werden, dass der Jugendliche eine Überweisung oft als Abweisung empfindet. Er hat dem Lehrer oder Hausarzt vertraut. Der hat offenbar gut verstanden, worum es geht. Die Überweisung wird dann als Verlassen-Werden empfunden; ein Gefühl, im Stich gelassen zu werden. Der Jugendliche will nicht noch einmal diese Hürde nehmen müssen und verzichtet auf den Kontakt mit der Einrichtung oder dem Jugendlichen-Psychotherapeuten.

Ein anderer Grund kann sein, dass es nicht mehr nötig ist. Viele Schlüsselfiguren aus dem Leben des Jugendlichen (Musiklehrer, Lehrer, Trainer) unterschätzen den Effekt eines oder mehrerer Gespräche. Während sie in ihrer Besorgnis finden, dass es für den Jugendlichen gut wäre, mit professioneller Hilfe weiterzumachen, hat dieser selbst auf dem Weg zur Adoleszenz ein neues Gleichgewicht gefunden. Eine neue Überweisung ist dann nicht mehr oder vielleicht erst später nötig.

Um die hohe Ausfallquote zu reduzieren, ist ein taktvolles Vorgehen bei der Überweisung vernünftig. Der Überweiser vermittelt den Kontakt mit dem Therapeuten oder dem professionellen Berater, und man vereinbart z. B. zusammen einen ersten Termin. Daran können der Jugendliche, der neue Berater und der Überweiser teilnehmen. In diesem Kennenlern-Gespräch kann über die Gründe der Überweisung und dergleichen gesprochen werden, alle können prüfen, ob die neue Kombination eine Erfolgschance hat und für den Jugendlichen ausreichend vertrauenserweckend ist. Erst danach zieht sich der Überweiser von der neuen Beratungs- oder Therapiessituation zurück, um – am liebsten vom Jugendlichen selbst – nach einer gewissen Zeit noch einmal zu hören, wie es gelaufen ist.

Der Frankfurter Verlag
für Psychoanalyse

Brandes & Apsel

Frank Dammasch/
Hans-Geert Metzger/
Martin Teising (Hg.)

Männliche Identität

Psychoanalytische Erkundungen

Das Buch eröffnet eine Diskussion über die männliche Identitätsentwicklung im Lebenslauf. Im Fokus stehen die oberflächliche Anpassung an weibliche Kommunikationsformen und das unbewusste Anklammern an starre Geschlechtsrollen. Aus einer tiefergehenden Perspektive ist zu fragen, warum Männer so defensiv, veränderungsresistent und wenig flexibel reagieren.

204 S., Pb., € 19,90
ISBN 978-3-86099-598-3

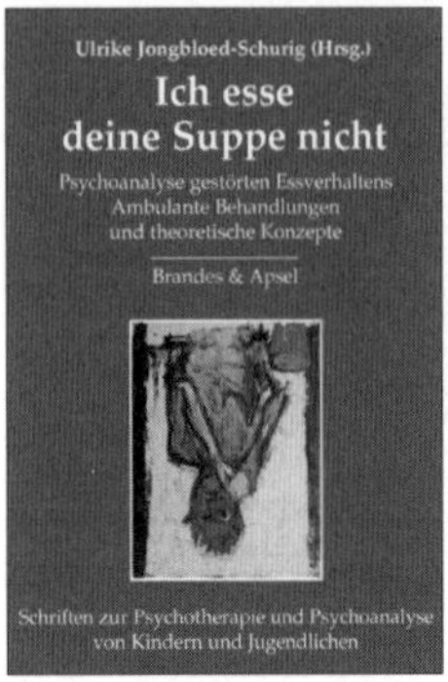

U. Jongbloed-Schurig (Hg.)

Ich esse deine Suppe nicht

Psychoanalyse gestörten Essverhaltens

Ambulante Behandlungen und theoreitsche Konzepte

Beiträge v. R. Ahlheim, D. BirkstedBreen, E. Bolch, T. Ettl, A. Freud, H. Hinz, P. Jeammet, D. Jongbloed, U. Jongbloed-Schurig, E. Lang-Langer, M. Lawrence, I. Nikulka

Jongbloed-Schurig ist mit dieser Zusammenstellung von Beiträgen kompetenter Kinder- und Jugendliche-Psychoanalytiker ein wichtiges Werk für die Praxis gelungen.

416 S., geb., € 39,90
ISBN 978-3-86099-828-1

Ellen Lang-Langer

Trennung und Verlust

Fallstudien zur Depression in Kindheit und Jugend

Die Kinder und Jugendlichen, über die Lang-Langer berichtet, erfuhren Trennung und Verlust als etwas, das früh über sie hereinbrach. Verarmung des Ichs und Erstarrung in Depression waren die Folge.

Die Autorin gibt Einblick in das innere Drama der Kinder und den Kampf um die Wiedererlangung der psychischen Lebendigkeit in der Kinder- und Jugendlichen-Psychoanalyse.

400 S., geb., € 39,90
ISBN 978-3-86099-376-7